Anselm Grün

Jeder Tag ein Weg zum Glück

Anselm Grün

Jeder Tag ein Weg zum Glück

Herausgegeben von Rudolf Walter

FREIBURG · BASEL · WIEN

11. Auflage 2010

© Verlag Herder GmbH, Freiburg im Breisgau 2004
Alle Rechte vorbehalten
www.herder.de

Umschlaggestaltung: R·M·E Roland Eschlbeck, München
Satz: Barbara Herrmann, Freiburg
Herstellung: fgb · freiburger graphische betriebe
www.fgb.de
Printed in Germany

ISBN 978-3-451-28660-5

Inhalt

Vorwort 7

1. Wach auf – zu neuem Glück 11
2. Erkenne dein Ziel und nutze den Tag . . 19
3. Achtsam auf den
   Strom des Lebens 25
4. Verzichten und genießen 34
5. Lass dir Zeit – Zeit ist Leben 39
6. Jeder Augenblick ist dein 48
7. Innehalten –
   was du ersehnst, ist schon in dir 53
8. Tanze nach dem Lied der Stille 61
9. Beruhige dein Herz 70
10. Deiner Liebe darfst du trauen 75
11. Freundschaft ist kostbar 84
12. Lass dich auf die Menschen ein 88
13. Wo Leben ist, führt eine Spur zum Glück 99
14. Zur Freude geboren 104
15. Dankbar für alles 108
16. Offen für das Wunder 111

17. Achte die Grenzen – finde dein Maß .. 116
18. Quellen deiner Kraft 123
19. Sei gut zu dir 128
20. Gib der Hoffnung Raum 130
21. Nimm an deiner Sehnsucht Maß 133
22. Mit dir im Einklang und versöhnt 137
23. Gelassenheit lässt alle Dinge blühen ... 144
24. Vom Segen der Nacht 151

Zu den Quellen 160

Vorwort

„Sie schauen dem lieben Gott ins Fenster", sagt ein altes tschechisches Sprichwort von Menschen, die zufrieden sind, ihre Zeit genießen und die Muße auskosten. Für mich ist das eine der schönsten Beschreibungen des Glücks. Langsamkeit und intensive Erfahrung des Augenblicks, Herzensruhe und höchste Seligkeit, das geht zusammen. Erlebnishunger, innere Unrast und pausenlose Jagd nach Erfüllung eigener Wünsche freilich auch: oft gerade bei Menschen, die nichts heftiger wollen als ihr Glück.

Denn nach Glück sehnen sich alle. Das Leben soll gelingen, es soll glücken.

Heute gibt es viele Gurus und selbsternannte Glücksprophéten, die eine heile Welt vorgaukeln und das schnelle und leichte Glück verheißen.

Doch der Weg zum Glück ist keine Schnellstraße, er führt nicht an der an der Realität unseres Alltags vorbei. Im Gegenteil: Er führt mitten durch unser alltägliches, gewöhnliches Leben.

Und es braucht auch keinen großen Aufwand, um dem Ziel unserer Sehnsucht nahe zu kommen. Wir brauchen nur in diesem Moment – hier und heute – die Augen zu öffnen für die kleinen Dinge um uns herum: für den Baum, in dessen Zweigen sich die Vögel niederlassen, für die Weite des Meeres und die Kraft des Sturmes. Glücklich ist, wer die Schönheit der Schöpfung wahrnimmt und seine Sinne öffnet für den Reichtum der Welt, in der er lebt. Glück ist nicht das Ergebnis von Anstrengung und Leistung. Es ist nicht machbar, es ist ein Geschenk.

Wenn wir die Augen aufmachen, dann werden wir jeden Tag Gottes Geschenke wahrnehmen: Wenn wir einem freundlichen Menschen begegnen; wenn wir die Schönheit einer Blume bewusst sehen oder spüren, wie die Sonne uns wärmt; in der Erfahrung der Liebe, die unser Herz erfüllt.

Der Weg zu diesem Glück ist nicht anstrengend und weit. Wir brauchen nur bewusst wahrzunehmen, was Gott uns jeden Tag an Gaben auf den Weg legt. Jeder Tag ist ein Weg zum Glück. Das Glück liegt vor unseren Füßen. Es wächst am Rand des Wegs, den wir jeden Tag gehen. Wir müssen es nur pflücken. Wer achtlos seine Wege geht, der wird es nirgends finden. Auch nicht an den Orten, an die ihn die Glückspropheten einladen möchten.

Glück – so sagen die Philosophen – ist Ausdruck erfüllten und sinnvollen Lebens. Wenn ich mit allen Sinnen lebe, wenn ich ganz im Augenblick bin, im Einklang mit mir selbst, dankbar für das Leben, das mir geschenkt ist, dann bin ich glücklich.

Dieses tägliche Glück braucht freilich eine ganze bestimmte Sichtweise. Ich muss mich selbst mit einem liebenden und milden Blick anschauen und ja sagen zu dem, der ich bin – auch mit meinen Grenzen und Schwächen. Dann bin ich im Einklang mit mir selbst. Dann bin ich glücklich.

Doch Glück kann ich nicht festhalten. Eben so wenig wie das Leben. Mein Weg wird täglich auch durchkreuzt durch das, was mir widerfährt, durch Kränkungen, Missverständnisse, Konflikte. Glück heißt nicht, dass ich in einer heilen Welt lebe. Es bedeutet nicht, über alles Dunkle hinwegzusehen. Freude und Schmerz – beides gehört zum Leben. Und beides kann eine Spur zum Glück sein.

Glück entsteht also, wenn ich mitten in dieser unvollkommenen Welt ja sage zu meiner

Menschlichkeit, aber auch zu allem, was mir widerfährt. Glücklich ist, wer sich in allem, auch in Widerwärtigkeiten und Leid, von Gottes guter Hand getragen weiß. Und glücklich ist der Mensch, der sich von allem, was ihm widerfährt, auf Gott und auf seinen innersten Seelengrund verweisen lässt. Dort auf dem Grund seiner Seele wohnt das Glück. Denn da, wo Gott in ihm wohnt, ist er mit sich im Einklang. Da ist er *wirklich* glücklich.

1.
Wach auf – zu neuem Glück

Warum tust du es dir jeden Morgen an, aufzustehen? Ist es nur Routine, weil es halt so sein muss, weil du dein Geld verdienen musst? Oder hast du eine tiefere Motivation?

✻

Viele haben das Gefühl, es sei eine Zumutung, überhaupt aufzustehen. Am liebsten würden sie im warmen Bett liegen bleiben. Sie verschlafen den glücklichen Tagesanbruch, den augenblicklichen Zauber des Lebendigen. Wer morgens vom Schlaf erwacht, wer wirklich die Augen auftut, für den erwacht auch die Wirklichkeit. Für den gilt die Erfahrung des Sprichwortes: „Morgenstund hat Gold im Mund."

*J*eder neue Tag
ist eine Einladung.
Jeden neuen Morgen
wartet das Leben auf dich,
hell und bunt.

✳

Es liegt an dir selbst, wie du den neuen Tag beginnst. Es liegt an dir, ob du ihn als Zumutung erlebst oder als Verheißung, ob der Tag für dich erwacht oder ob er dir schläfrig entgegenkommt, ungewaschen und ungekämmt, ohne Kraft und ohne Frische. Die Süße des Lebendigen ist da. Aber sie muss gespürt werden. Schlaftrunkene Augen werden sie nicht erkennen. Und ein Herz, das nicht aufwacht, kann die erwachte Wirklichkeit nicht wahrnehmen.

Wenn der Wecker klingelt, dann stehe sofort auf. Nimm dir genügend Zeit zwischen Aufstehen und Abfahrt zur Arbeit. Versuche, dich bewusst langsam zu waschen. Genieße das kalte Wasser, das dich erfrischt. Und ziehe dich langsam an. So kannst du dich bewusst freuen über die Kleider, mit denen du dich für den Tag rüstest, mit denen du dich schmückst.

✻

Genieße die Zeit des Waschens, Anziehens und Frühstückens. Sie ist ein Freiraum, den dir jeder Tag schenkt, ein Raum zum Atemholen.

*E*ntscheide dich heute für das Leben.
Danke Gott, dass du lebst.
Und versuche, den heutigen Tag so anzunehmen,
wie er ist.
Es muss nicht lauter Freude sein.
Aber wenn du dich für das Leben entscheidest,
wirst du auch mit deiner Kraft,
mit deiner Lebendigkeit
und mit deiner Freude
in Berührung kommen.

*N*ur der Wache kann den Tag gestalten. Der andere lebt wie in einem Traum. Er lebt in einer eigenen Welt, ohne Berührung mit der Wirklichkeit und ohne dass er die Wirklichkeit beeinflussen und formen kann. Träume zeigen dir Wesentliches in deiner Seele auf.
Aber verwirklichen kannst du die Träume nur, wenn du bereit bist, aufzuwachen und dich der Wirklichkeit zu stellen, wie sie ist.

*D*ie Morgenstunde mit ihrer Frische atmet etwas von der Neuheit Gottes. Mach dir bewusst, welcher Tag heute ist. Und stelle diesen Tag unter Gottes Segen. Jeder Tag wird dann zum Geheimnis, zur Chance, etwas von dem auszustrahlen, was dich im Innersten ausmacht.

*E*in Morgenritual kann die Segensgebärde der erhobenen Hände sein. Stelle dir vor, dass durch deine Hände Gottes Segen hineinströmt in die Räume deiner Wohnung und in die Räume deiner Arbeit. Dann wirst du anders zur Arbeit gehen. Du hast dann nicht mehr den Eindruck, dass die Arbeitsräume voll sind von Streit und Intrigen, getrübt von negativen Emotionen und von verdrängten Schattenseiten. Du betrittst vielmehr Räume, in denen Gottes Segen wohnt.

Darum ginge es doch in unserem Leben,
dass wir die immer gleiche Routine durchbrechen.
Dass wir spüren,
was es bedeutet:
Ich atme, also bin ich.
Ich bin da.
Ich schmecke
den Geschmack des Lebens,
jeden Tag aufs Neue.
Kein Tag gleicht dem andern.
Jeder von uns
ist einzigartig
und einmalig.

✳

Das Glück
liegt in der Frische des Morgens,
im Zauber des Augenblicks,
in der Schönheit der aufgehenden Sonne.
Wer nicht aufwacht,
kann das Glück nicht wahrnehmen,
das ihn umgibt.

Die Freude über den frischen Morgen, über die Sonne, die aufgeht, über den blauen Himmel, die Freude an meiner Gesundheit, die Freude, dass die Familie sich gesund beim Frühstück trifft, die Vorfreude auf die Begegnungen, die dich heute erwarten: Wer die täglichen kleinen Freuden dankbar wahrnimmt, für den werden sie zur großen Freude.

✳

Wenn du den Beginn des Tages bewusst so setzt, als ob heute der erste Tag deines bewussten und wachen Lebens wäre, dann wirst du achtsam und zugleich neugierig in den Tag hineingehen. Du wirst die Menschen anschauen, als ob du sie zum ersten Mal sähest. Vorurteile werden wegfallen. Was du bisher über diesen Menschen gedacht hast, ist nicht wichtig. Alle Schubladen, in die du Menschen gesteckt hast, haben sich in nichts aufgelöst. Alles wäre anders: Du würdest an deine Arbeit mit Neugier gehen. Du würdest dich freuen, Dinge so zu tun, als sei es das erste Mal. Und du würdest die ganze Schöpfung um dich herum mit neuen Augen ansehen.

Jeder Tag zeigt es aufs neue:
Dass das Leben schön ist, muss man einem nicht
erst mit Vernunftargumenten nahe bringen.
Du brauchst nur deine Sinne öffnen
und die Augen aufmachen für das Leben.

✽

Brich auf in den neuen Tag.
Wer nicht immer wieder aufbricht,
dessen Leben erstarrt.

2.
Erkenne dein Ziel und nutze den Tag

Entscheide dich
für das Ziel deines Lebens.
Verliere dieses Ziel nie aus den Augen.
Es sammelt deine Kräfte.
Es verleiht dir Klarheit
Es gibt dir neue Zielstrebigkeit.

✳

Sinnvoll wird dein Leben erst,
wenn du deinen Auftrag erkennst,
den du in dieser Welt hast,
und ihn auch lebst.

Das Ziel,
das wir in unserem Leben anstreben sollen,
besteht nicht in einer Leistung,
sondern in einem Sein,
in einer Sendung.

✳

Finde deinen ganz persönlichen Weg.
Nur dein ganz persönlicher Weg
wird dich zum wahren Leben führen.

✳

Du bist dafür geschaffen,
dass du dein eigenes Leben lebst.
Dafür bist du vor allem Gott verantwortlich.
Wenn du seinem Anruf folgst,
dann wird dein Leben auch zum Segen
für deine Umgebung.

Ein gewisser Ehrgeiz ist etwas Positives, insofern er uns hilft, uns anzustrengen, damit wir unsere Fähigkeiten entfalten. Aber Ehrgeiz kann zu einem inneren Gefängnis werden, aus dem wir nur schwer zu entrinnen vermögen. Das deutsche Wort Ehrgeiz kommt von Gier: Gier nach Ehre, nach Ansehen, nach Anerkennung und Berühmtheit. Wer sich davon treiben lässt, der verliert den Kontakt mit sich selbst und mit dem, was er gerade tut. Er wird von der Gier getrieben.

Wer sich in seiner Arbeit selbst beweisen will, wer vor sich und den andern gut dastehen will, der schöpft aus seiner eigenen Kraft. Und die ist bald erschöpft. Wer jedoch seine innere Quelle gefunden hat, die Quelle des Heiligen Geistes, aus dem strömt die Arbeit von innen heraus. Er kann viel arbeiten, ohne zu ermüden.

Arbeitssucht ist eine trübe Quelle.
Wer aus ihr schöpft,
der erschöpft nicht nur sich selbst,
sondern auch die Menschen in seiner Umgebung.
Seine Arbeit wird weder für ihn
noch für andere zum Segen.

Es ist klüger, sich weniger vorzunehmen und das
dann auch einzuhalten, als immer wieder mit
schlechtem Gewissen seinen nicht eingehaltenen
Vorsätzen nachzulaufen. Die Ordnung muss für
mich passen. Und dazu bedarf es der Klugheit.
Ich muss klug einschätzen, was für mich
realistisch ist, was mir gut tut und worauf ich
mich täglich freuen kann.

Wer sich zu etwas zwingt
und sich dabei selber überfordert,
steht seinem eigenen Glück im Wege.

Wenn Sorgen über die Zukunft deinen Tag beschweren, wende dich bewusst dem Heute zu. Heute entscheidet es sich, ob du lebst oder nicht, ob du da bist oder nicht, ob du dich auf den Menschen vor dir einlässt oder nicht, ob du etwas anpackst oder nicht.
Das Heute gut zu bewältigen – das ist die eigentliche Herausforderung für das Leben.

Auch mit noch soviel Arbeit kannst du diese Welt nicht im Letzten verändern. Du kannst die Zeit noch so gut ausnützen, du hast keine Macht über sie. Gott kann dir eine Zeit der Krankheit schicken. Dann bist du gezwungen, alle deine selbst gemachten Pläne über den Haufen zu werfen.
Die Zeit liegt nicht in deiner Hand. Nur wenn du sie aus der Hand Gottes annimmst mit der Qualität, die er ihr verleiht, wird es eine gute Zeit, eine heilsame und heilende Zeit, eine Zeit, in der die Ewigkeit erfahrbar wird.

Jeder Mensch hat eine besondere Berufung, sein Leben zu leben und dadurch einen Beitrag zu leisten, dass diese Welt immer mehr dem ursprünglichen Schöpfungswillen Gottes entspricht.

✳

Wir leben nicht nur für uns.
Versuche einmal ganz bewusst,
den Sinn in deinem Leben zu beschreiben.
Er ist der entscheidende Grund
für das Strömen der inneren Quelle.

✳

Gib weiter, was du hast.
Bring deine Fähigkeit auch nach außen.
Vertraue deiner eigenen Kompetenz,
entdecke deine eigenen Möglichkeiten
und lass auch andere daran teilhaben.
Dann kann das,
was deine Quelle an Leben bringt,
auch anderen hilfreich sein.

3.
Achtsam auf den Strom des Lebens

Wir können noch so weit fahren, um das Glück zu suchen. In der Fremde werden wir es nicht finden. Wir werden es nicht bei anderen Menschen finden, nicht im Beruf, nicht im Erfolg, nicht im Reichtum. Es ist nur in uns.

*

Viele warten auf das große Glück. Sie sind enttäuscht, dass es nicht kommt. Bei ihrer Suche nach dem großen Glück übersehen sie die kleinen Freuden, die auf dem Weg ihres Lebens bereit liegen.

Stell dich in den Strom des Lebens.
Das Leben ist überall da.
Es umgibt uns.
Wir brauchen uns nur zu öffnen.
Das Leben wahrzunehmen,
das schon da ist,
es intensiv zu spüren,
das ist Lust am Leben.

*

Finde deine eigenen Quellen.
Sei achtsam auf alles,
was dein eigenes Leben
fördert und stärkt.

Lerne die Kunst,
zu *sein,*
intensiv zu leben.
Probiere es einfach,
bewusst langsamer zu gehen,
wenn Du in der Arbeit
von einer Bürotüre
zur andern willst.
Versuche, beim Spazieren gehen
bewusst jeden Schritt zu spüren;
wahrzunehmen,
wie Du die Erde berührst
und sie wieder lässt.
Versuche, langsam und bewusst
Deine Tasse in die Hand zu nehmen.
Lebenskunst ist etwas ganz Alltägliches.

Richtig zu sehen,
ist die Kunst,
hinter die Dinge zu sehen
oder in den Dingen
die Freude zu schauen.
Die Kunst, glücklich zu sein,
kann man lernen
und einüben.
Und man kann sofort damit anfangen.

✳

Der achtsame Mensch ist der nachdenkliche Mensch, nicht der, der immer an irgendetwas denkt, der ständig grübelt, sondern der, der die Augen aufmacht, der mit seinem Denken bei dem ist, was er tut.

Sei achtsam und behutsam
mit dir selber.
Und sei achtsam mit den Dingen,
die dir anvertraut sind.
Inneres und Äußeres
sind aufeinander bezogen.
Im Umgang mit den Dingen
drückt sich deine innere Haltung aus.
Wie du mit den Dingen umgehst,
gehst du auch mit dir um.

✻

Wer aufmerksam ist, der geht nicht an den Menschen oder an den Dingen vorüber. Für ihn wird alles zum Zeichen für das Eigentliche, für das Geheimnis Gottes.

Wir schlafen oft und merken gar nicht, was um uns herum ist. Wir nehmen die Schönheit nicht wahr. Wir nehmen das Glück nicht wahr, das zum Greifen nahe ist. Wir suchen es anderswo, in unseren Träumen, in Illusionen, die wir uns machen. Die Voraussetzung, Glück zu erfahren, ist das Aufwachen. Nur wer aufwacht und nur wer die Augen aufmacht, kann überhaupt wahrnehmen, was ist. Wer erwacht ist, der erlebt, dass er bisher wie in einem Kerker lebte.

*

Lass dich auf das Gewöhnliche deines Alltags ein. Vertraue darauf, dass du dort alles findest, was du suchst. Es geht nicht um interessante Neuigkeiten, sondern das Spüren dessen, was ist. Nimm wahr, was ist. Werde dem gerecht, was die Wirklichkeit deines Lebens ausmacht. Dann wirst du erahnen, dass dich der Alltag zum Eigentlichen führt, zum reinen Gewahren des Seins. Und wenn du in Berührung bist mit dem, was ist, dann berührst Du den Grund allen Seins. Wenn der Alltag zur Übung wird, wenn er zum Ort der Gottesbegegnung wird, dann verwandelt er sich.

Achtsamkeit in allem Tun, das gibt deinem Leben einen zarten Hauch. Da bist du ganz gegenwärtig, ganz eins mit dir und den Dingen. Aber diese Achtsamkeit ist uns nicht einfach geschenkt. Sie will täglich geübt werden.

✼

Die Erde ist eine Blume, die die Schönheit des Himmels in sich trägt, die den Himmel über uns öffnet. Wenn du dieses Wort in dein Herz fallen lässt, dann verändert es deine Augen. Du wirst mit einem anderen Blick auf diese Erde schauen.

✼

Wir brauchen nur zu staunen vor dem, was in der Schöpfung um uns herum ist. Wir brauchen nur zu beobachten, was wir sehen, und die Tiefe von dem erspüren, was wir schauen. Dann spüren wir die Lust, dann geht sie von der Schöpfung in uns über, dann nehmen wir nicht nur den Frühlingswind wahr, sondern werden von ihm zur Lust auf dem Grund unseres Herzens geführt. Dann brechen wir auf zu einer kraftvollen Lebensfreude.

Achtsamkeit im Augenblick, das ist mehr als nur eine Übung der Konzentration, es ist der Weg zum Glück. Es braucht nicht viel zum Glück. Es braucht nur die Achtsamkeit. Wenn wir dankbar sind für das, was wir wahrnehmen, dann sind allein die gesunden Augen schon eine Quelle des Glücks. Täglich dürfen unsere Augen wunderbare Dinge sehen. Aber es braucht die Übung der Achtsamkeit, damit wir die Wunder auch bewusst wahrnehmen, die sich uns täglich zeigen:
das Wunder einer Rose,
das Wunder eines Berges,
das Wunder eines Käfers,
der unseren Weg kreuzt,
das Wunder eines menschlichen Antlitzes.

Der Höhepunkt deines Erlebens
ist in den Dingen, die dich umgeben.
In der Wiese vor deinem Haus.
In der Blume auf deinem Schreibtisch.
In der Musik, die du hörst.
In der Stille, die du dir gönnst.
Die Schönheit ist schon vorhanden.
Du musst sie nur wahrnehmen.

Nur wenn du mit dem Herzen siehst, begegnest
du in der Blume der Schönheit ihres Schöpfers
und im Baum deiner eignen Sehnsucht, fest
verwurzelt zu sein in einem tieferen Grund.
Nur wenn du mit dem Herzen siehst, empfindest
du beim Anblick eines Baumes die Sehnsucht, so
in deine Gestalt hineinzuwachsen und so aufzublühen, dass andere in deinem Schatten Geborgenheit und in deiner Nähe Trost finden.
Nur das Herz sieht in allem die Spuren jener
letzten Wirklichkeit und Gewissheit, die dich aus
dem Antlitz jedes Menschen und aus jedem Stein
und jedem Grashalm anblickt, um dir zu sagen:
„Du bist geliebt. Die Liebe umgibt dich in allem,
was du siehst."

4.
Verzichten und genießen

Wir können uns mit noch soviel Besitz nicht die Lust am Leben erkaufen. Was uns bleibt, das ist: zu genießen, was Gott uns schenkt, und mit Genuss zu essen und zu trinken. Das Leben ist Mühe genug.

∗

Auch das Genießen braucht das rechte Maß. Am Ende überzogener Wünsche und unersättlicher Gier steht immer die Enttäuschung: „Nichts wird den zufrieden stellen, der nicht mit wenigem zufrieden ist," sagt man in Griechenland.

Der Mensch kann nicht mehr über sich verfügen, wenn er sich von seinen Begierden treiben lässt. Er verliert die Klarheit seines Geistes und die Ruhe seines Herzens. Askese ist daher nicht lebensfeindlich, sondern lebensfreundlich. Sie will uns in die wahre Freude führen. Sie ist ein Weg zum wahren Glück.

✳

Nur wenn dein Geist in deinem Leib wohnt, wenn dein Geist mit den Sinnen des Leibes schaut, hört, riecht, schmeckt und betastet, wirst du das Glück auch leibhaft erleben.

*E*in himmlischer Genuss – das muss nichts Aufwendiges sein. Es kann etwas ganz Einfaches sein. Wer etwa im Tessin den selbstgemachten Käse bei einem Schluck heimischen Rotweins bedächtig isst, der kann sagen: Das war der Geschmack des Paradieses. Es ist ein Geschmack, der uns in eine andere Welt hinein hebt. In solchen Momenten kann Ewigkeit erlebbar werden.

✻

Wer voller Gier ein Stück Torte nach dem anderen verschlingt, der kann sich am Genuss nicht freuen. Er wird sich nachher ärgern, dass er zuviel gegessen hat. Wer sich dagegen auf den Genuss eines Stückes beschränkt, der kann sich beim Essen und noch lange danach freuen. Er behält den Geschmack der Freude nicht nur in seinem Mund, sondern auch in seinem Herzen.

Wer sich seinen Launen ausliefert, entwickelt keine Stärke. Wer jedem Wunsch nachgibt, wird auf Dauer nicht zufriedener. Askese und Disziplin – im rechten Maß geübt – vermitteln die Erfahrung, dass wir unser Leben selbst gestalten, dass wir selber leben, anstatt gelebt zu werden.

✳

Kein Geld,
kein Erfolg,
keine Bestätigung
kann die Sehnsucht nach Liebe
zufrieden stellen.
Der Süchtige wird nie satt.

✳

Wenn du im Verzicht einen Anspruch auf die dir zustehenden Dinge wie Essen, Trinken, Fernsehen usw. aufgibst, gewinnst du dich selbst. Du nimmst dein Leben selbst in die Hand.

Wer sich selbst beschränken kann, stärkt sein Selbst. Denn er ist bei sich und nicht bei den Dingen, die seine Bedürfnisse befriedigen. Je mehr ich bei mir selbst bin, desto ruhiger wird meine Seele. Desto freier und glücklicher bin ich.

Glück kann gerade im Nichtbesitz liegen
und im Besitzen gefährdet sein.
Was ich ersehne,
ist in meinem Herzen.

Der Engel des Verzichts möge dich beides lehren: zu genießen, was dir an Gaben geschenkt ist, und zu verzichten, um dich selbst innerlich frei zu fühlen und um anderen den Genuss an dieser Welt zu gönnen.

5.
Lass dir Zeit –
Zeit ist Leben

Wir sind hier auf Erden
nur für einen kleinen Besuch.
Unsere Zeit ist begrenzt,
so wie wenn wir liebe Freunde besuchen.
Aber bei diesem Besuch
sollten wir uns nicht beeilen
und uns keine Sorgen machen.
Es ist nur ein kurzer Besuch.
Lass dir also Zeit.
Und genieße die kurze Zeit.

Wer leben will,
der muss sich Zeit nehmen.
Ohne Zeit gibt es kein Leben.
Das Leben vollzieht sich in der Zeit.
Und nur wer sich einlässt
auf seinen Zeitrhythmus,
der ihm angemessen ist,
schwingt in das Leben ein,
das für ihn stimmt.

Es führt in eine Sackgasse, die Zeit nur auszunutzen. Es geht darum, den inneren Rhythmus des eigenen Körpers und des gesamten Kosmos zu erspüren und sich darauf einzuschwingen.

Wenn du dich dem Rhythmus der Zeit überlässt, dann erlebst du die Zeit nicht als Tyrannen, dem du als Sklave dienen musst, sondern als Geschenk, das dir dient, und das dir ermöglicht, das Geheimnis des Lebens zu erspüren.

*E*rst der Rhythmus
lässt uns die Zeit als Zeit erleben.
Er gibt der Zeit ihren Inhalt.
Es ist nicht bloße Zeit, die verrinnt.
Der Rhythmus verleiht also dem Menschen das
Gefühl von Heimat.
Er fühlt sich nicht allein.
Er ist einem Größeren zugehörig.

Erfahrung des Rhythmus bringt uns mit der
Energie in Berührung, die in unserem Unbewussten bereit liegt.

Du hast das Recht, über deine Zeit zu wachen.
Denn sonst würdest du jedem gehören, der etwas
von dir will. Und es gäbe keine Zeit mehr für dich.
Andere würden über deine Zeit verfügen. Die Zeit
käme dir dann abhanden.

*

Beobachte dich manchmal,
wie und wann Druck in dir hochsteigt.
Wenn du ihn spürst –
dann lass ihn los
und konzentriere dich
nur auf den jetzigen Augenblick.
Das genügt.

Indem du dir Zeit lässt, brichst du aus der Herrschaft der Zeit aus. Du nimmst die Zeit wahr. Du genießt sie. Die Zeit ist dir geschenkt. Du lässt allen Druck los. Du lässt die Zeit fließen und nimmst sie wahr. Zeit ist immer geschenkte Zeit, Zeit, die Gott und die dir selbst gehört, in der du dir und deinem wahren Selbst gehörst.

✳

Der gewinnt am meisten Zeit, der in jedem Augenblick ganz präsent ist. Für den gibt es keine verlorene Zeit. Für den ist jede Zeit erfüllte Zeit. Ganz gleich, ob er arbeitet oder nichts tut, ob er liest oder Musik hört, ob er spazieren geht oder mit seinen Kindern spielt, er ist ganz in dem, was er tut. Er spürt das Geschenk der Zeit, für ihn ist alles geschenkte Zeit. Für ihn ist jede Zeit freie Zeit, Zeit zu leben.

*L*ass dich nicht anstecken
vom Geist des „Sofort".
Lerne beharrlich zu werden,
lerne zu bleiben,
übe dich in der Tugend des „Dranbleibens". Dann
wird deine Seele
innere Festigkeit gewinnen.
Und dein Leben wird gelingen.

✸

Wer langsam geht,
der kommt manchmal schneller ans Ziel.
Denn er wird nicht gehetzt
vor etwas davonlaufen.
Er geht auf das zu, was wichtig ist.
Also: Lass dir Zeit.
Genieße die Langsamkeit.

Geduld und Warten gehören zu einem menschlichen Leben. In der Geduld steckt auch die Kraft, auf Veränderung und Verwandlung hinzuarbeiten. Aber in der Geduld hat auch die Zeit einen wichtigen Platz. Wir lassen uns und den andern Zeit, dass sich etwas wandeln kann.

✳

Wachstum braucht Zeit.
Nur wer mit sich selbst geduldig
nur wer warten kann,
wird auch die Früchte
seines Reifens ernten.

*I*n unserem Leben erfahren wir immer wieder:
Wir möchten etwas erzwingen, aber es geht
nicht. Wir müssen warten, bis es an der Zeit ist.
Das gilt für die Liebe zwischen Mann und Frau.
Und es gilt auch für wichtige Schritte in unserem
Leben. Wir müssen manchmal warten, bis die Zeit
für eine Entscheidung reif ist.

*

Warten erzeugt in uns eine prickelnde Spannung.
Wir spüren, dass wir uns selbst nicht genug sind.
Im Warten strecken wir uns aus nach dem, der
unser Herz berührt, der es höher schlagen lässt,
der unsere Sehnsucht erfüllt.

*

Ohne Warten erstarrt der Mensch.
Wer nicht mehr warten kann,
der vermag auch
das Geheimnis der Zeit nicht zu verstehen.
Zeit ist immer Verheißung des Ewigen.

Wir sind mehr als das,
was wir uns selbst geben können.
Warten zeigt uns,
dass das Eigentliche
uns geschenkt werden muss.

✳

Alles, was schnell ins Kraut schießt,
verdorrt auch wieder schnell.
Warten ist heute nicht selbstverständlich.
Wir wollen die Lösung immer gleich sehen.
Oft braucht es aber eine lange Zeit,
bis eine Blume sich entfaltet.
Wir brauchen für die eigene Entwicklung Geduld.
Wir können uns selbst nicht sofort verändern.
Verwandlung geschieht langsam
und manchmal unmerklich.

6.
Jeder Augenblick ist dein

Viele Menschen
bereiten sich ständig nur darauf vor,
wirklich leben zu können,
anstatt das Leben zu ergreifen,
das schon da ist.

Das Leben ist in jedem Augenblick.
Wer ganz im Augenblick ist,
der lebt jetzt schon.

Jede Sekunde unseres Lebens
ist von Natur aus glücklich.
Wir selber
verbauen uns das Glück,
wenn wir uns vom Ärger
bestimmen lassen.

Es hat wenig Sinn, den Genuss auf später zu verschieben. Du weißt nicht, wie viel Gelegenheit dir noch zum Genießen bleibt. Es ist immer später als wir denken. Unsere Zeit ist begrenzt. Dies galt früher, und es gilt heute. Wenn du ganz im Augenblick bist, wirst du entdecken, dass er dir alles bietet, was du erwartest: reine Gegenwart, Fülle des Seins, Schönheit und Leben.

Wenn du einfach *da* bist, reines Dasein bist, dann lebst du wirklich. Dann brauchst du nicht darüber zu reflektieren, ob du jetzt Lust empfindest oder nicht. Du bist einfach. Das genügt.

Der Mensch weiß nicht,
wie lange sein Leben währt
und wie lange Gott
ihn das Leben genießen lässt.
Daher koste den jetzigen Augenblick aus.
Den hat Gott dir geschenkt.
Genieße das Leben.
Es ist später als du denkst.

Das Ziel des Lebens ist nicht, möglichst viel zu arbeiten, sondern zu leben. Leben heißt aber nicht, möglichst viel erleben und sich nach der Arbeit dem Vergnügen widmen. Leben heißt vielmehr: ganz im Augenblick sein, das tun, was dem Herzen entspricht: wahrnehmen, was ist, und so dem Geheimnis des Lebens auf die Spur kommen.

Lass los, was dich belastet,
lass dich ein auf das, was kommt.
Sei frei für den Augenblick,
sei frei für das, was gerade auf dich zukommt.

Eile ist ein Feind der Freude. Wer Freude lernen
will, muss sich darin üben, ganz im Augenblick zu
sein, anstatt immer wieder neu allen Vergnü-
gungen nachzulaufen, die er erhaschen kann, um
genug zu haben. Seinem Herzen und seiner
Sehnsucht wird das nie ganz genügen.

Entscheidend ist nicht
wie lange ich lebe,
was ich alles leisten
und vorweisen kann.
Entscheidend ist,
dass ich mein Herz öffne
und mit weitem Herzen
jeden Augenblick
lebe.

*D*ie Zeit ist nicht ein knappes Gut, das der Mensch möglichst ausnutzen muss, sondern der Ort, an dem der Mensch mit Gott eins wird. Wer ganz im Augenblick ist, für den erfüllt sich die Zeit, der wird von Gott erfüllt, der wird eins mit sich und mit Gott, für den steht die Zeit still.

7.
Innehalten –
was du ersehnst,
ist schon in dir

Meist hetzen wir.
Aber wohin?

*

Viele Menschen meinen,
hinter dem Glück herzulaufen
und laufen ihm auf diese Weise gerade davon.
Das Glück ist in uns.
Zu rennen und sich abzuhetzen
bringt nichts.
Es bleibt uns nur eines:
stehen zu bleiben
und uns mit dem anzufreunden,
was in uns ist.

Natürlich gibt es immer etwas zu tun. Aber wenn du dich nicht selbst begrenzt und den Zeitpunkt festlegst, an dem du aufhörst, wirst du nie das Gefühl haben, selbst zu leben. Du wirst gelebt. Begrenze die Zeit der Arbeit, damit es deine Zeit bleibt. Sonst wirst du zum Sklaven der Zeit. Und du kommst nie zu einem Ende.

Stehen bleiben, still werden, ist die Voraussetzung, dass sich das Trübe in uns klärt, dass der Nebel sich auflöst und wir klar erkennen, was ist. Und erst wenn das Innere klar wird, finden wir Ruhe in uns selbst, können wir es bei uns selbst aushalten. In seiner Mitte ruhen, das ist die Voraussetzung auch für die äußere Ruhe.

Jeder Tag braucht Freiräume, Unterbrechungen und Pausen. Solche Freiräume lassen deine Seele atmen. In dieser Freiheit kannst du dich dann wieder bewusster auf die Arbeit und auf die Menschen einlassen, mit denen du heute zu tun hast.

Rituale sind eine Möglichkeit, zu seiner Mitte zu kommen. Im Ritual halte ich inne. Rituale sind immer etwas Handfestes. Ich nehme etwas in die Hand. Ich zünde eine Kerze an. Ich mache eine Gebärde. Ich setze mich hin, um ein Buch zu lesen. Oder ich schweige einige Augenblicke. Ich meditiere. Die Rituale geben mir das Gefühl, dass die Zeit mir gehört. Sie geben am Morgen dem Tag ein anderes Gepräge. Ich spüre nicht die Last der Zeit, sondern ihr Geheimnis. Nicht die Zeit überfällt und bestimmt mich, sondern ich forme und präge sie. Ich nehme mir ein Stück Zeit, um dem Terror der mich aussaugenden Zeitansprüche zu entrinnen.

Rituale sind Augenblicke, in denen ich ganz bei mir bin. Sie sind Tabuzonen, ein Schutzraum, zu dem die Menschen mit ihren Erwartungen keinen Zutritt haben. Sie geben mir das Gefühl, dass ich selbst lebe, anstatt gelebt zu werden.

Die Rituale brauchen nicht viel Zeit.
Aber sie sind Haltepunkte während der Zeit.
Während des Rituals steht die Zeit still.
Da hört die Zweckbestimmung der Zeit auf.

Ich gönne mir das Ritual.
Ich komme mit mir in Berührung.
Ich kann aufatmen.

Wer meint, er müsse immer schneller werden, wird letztlich von der Angst getrieben. Die Angst ist die Triebfeder der Beschleunigung. Wer Angst hat, kann nicht stehen bleiben. Er kann nicht warten. Er kann nicht zuschauen. Er muss alles selbst in die Hand nehmen, weil er meint, sonst würden sich die Dinge seiner Hand entziehen.

Viele Leute stopfen auch den Sonntag mit Aktivitäten zu. Sie verfälschen damit den Sinn des Sonntags, an dem wir uns bewusst abgrenzen von anderen und den Aufgaben und Erwartungen, die uns von außen angetragen werden. Wenn alle Zeiten gleich sind, werden sie gleich sinnlos. Wenn der Sonntag wie der Alltag wird, wird auch der Alltag seines Sinns entleert.

Wie die Woche vom Sonntag, so ist das Jahr von Festen durchbrochen. Feste geben der Zeit ein immer anderes Gepräge. Die Feste erinnern die Menschen an die Urzeit, an die ursprünglich heilige Zeit und schenken ihnen Anteil daran. Die Feste sind eine Erneuerung der Zeit aus dem Ursprung heraus. Die verbrauchte Zeit bekommt wieder ihre Frische, indem die heilige Zeit in unsere vergängliche Zeit einbricht.

Am Fest wird mitten in der Zeit das Ewige erfahrbar. Es gibt der Zeit, die ausgenutzt wird, eine andere Qualität.
Feste sind Freizonen, zweckfreie Zeiten.
Das Fest deutet den Alltag von einer anderen Warte aus.
In der heiligen Zeit des Festes ahnen wir, was Zeit eigentlich bedeutet: Sie ist der uns von Gott geschenkte Augenblick, der Ort der Gottesbegegnung

Wir können unsern Weg nur dann freudig und beschwingt gehen, wenn wir wissen, dass uns auf dem Weg immer wieder eine Rast erwartet. Rast hat mit Ruhe zu tun. Die Rast bezeichnet ursprünglich die Wegstrecke, die wir zwischen zwei „Rasten", zwischen zwei „Ruhezeiten" zurücklegen können. Wir brauchen immer wieder ein Rasthaus, in das wir einkehren können, damit der Weg nicht zu beschwerlich wird und uns zur Umkehr zwingt. Kehren heißt: wenden, umwenden, verwandeln. Wer einkehrt, der geht verwandelt weiter. Feste sind eine Einkehr auf unserem Weg, damit wir verwandelt weiter gehen können, anstatt zum Ausgangspunkt zurückkehren zu müssen.

Alles, wonach du dich sehnst, ist schon in deinem Herzen. Es geht darum, vor dieser Wahrheit nicht davonzulaufen, sondern innezuhalten und sich ihr zu stellen.
So paradox es klingt: Dieses Innehalten ist die Voraussetzung für jeden menschlichen und geistlichen Fortschritt.

8.
Tanze nach dem Lied der Stille

Wir brauchen die Stille, um mit dem Glück in Berührung zu kommen, das auf dem Grund unseres Herzens in uns ruht. Wenn wir immer nur in Bewegung sind, werden wir es in uns nicht spüren. Es ist wie ein See. Nur wenn er ganz ruhig ist, spiegelt sich in ihm die Schönheit der Welt. Nur wenn wir stille stehen, spiegelt sich in uns die Herrlichkeit, die uns umgibt. Dann spüren wir die Freude, die in uns liegt.

In jedem von uns existiert ein Raum der Stille und Freiheit. Diesen Raum müssen wir nicht erst schaffen, er ist schon in uns. Hier sind wir ganz und heil. Dieser Raum ist nicht beschädigt durch unsere Fehler und Schwächen, nicht beeinträchtigt durch die Urteile und Verurteilungen der Menschen, durch ihre Erwartungen. Hier können wir ausruhen, weil dort Gott selber in uns wohnt.

✳

Du kommst nur zu dir,
wenn du still wirst.
Die vielen Einflüsse von außen
machen dich krank.
Du brauchst die Stille,
um ganz du selbst zu werden.

Wenn du stillhältst,
dann wirst du zuerst dir selbst begegnen.
Da kannst du deine Unruhe
nicht mehr nach außen verlagern.
Du wirst sie in dir wahrnehmen.
Denn nur wer seiner Unruhe standhält,
kommt zur Stille.

✳

Nur wenn du schweigst,
kannst du ganz im Augenblick sein.
Sobald du das Denken anfängst,
verlässt du den gegenwärtigen Augenblick.
Glück liegt immer
im gegenwärtigen Augenblick.

*S*uche die Stille.
Lärm ist wie Schmutz und Staub.
Schweigen ist ein Bad der Seele.
Es gibt kein intensiveres Reinigungsbad
als das Schweigen.
Schweigen ist ein Weg
zur Ruhe des Herzens.

*W*er immer redet,
dem entströmt
seine innere Energie.
Schweigen ist
wie ein Schließen der Tür deiner Seele,
damit die Glut in deinem Innern
nicht ausbrennt
und die Quelle der Kraft in dir
nicht versiegt.

*E*ine reine und klare Stille
nimmt uns unseren Hunger.
Sie stillt des Herzens Verlangen.
Sie ist das wahre Glück des Menschen.

*I*m Haus deiner Seele,
in diesem inneren Raum
des Schutzes
und des schöpferischen Versunkenseins,
da wohnen die Engel bei dir.
Sie führen dich ein
in die Leichtigkeit des Seins,
in die Liebe
und in die Lust am Leben.
Sie sind deine Wegweiser
zum wahren Glück

Gerade wenn du viel mit anderen Menschen zu tun hast, wenn viele etwas von dir wollen, wenn du dich in intensiven Gesprächen auf sie einlässt, brauchst du den Engel der Stille, der die vielen Worte, die du täglich hörst, in dir zum Schweigen bringt. Im Schweigen kannst du wieder aufatmen. Im Schweigen kannst du alles abschütteln, was dir andere anvertraut haben und womit du dich belastest.

✻

Der Mensch, der sich schweigend dem Geheimnis der Welt nähert, vermag in Augenblicken besonderer Gnade das Lied der Welt, den Sphärenklang des Kosmos zu vernehmen. Wenn du es vernimmst, dann erfüllt es dich mit einer nie erlebten Freude, mit einem inneren Frieden, mit einer Lust, die dir auch das Verstummen der Welt nicht mehr zu rauben vermag.

Dort, wo der Stern der Sehnsucht aus unserem Herzen gefallen ist, dort können wir uns auch nicht mehr zuhause fühlen. Daheim sein kann man nur, wo das Geheimnis wohnt. Es geht nicht um ein fernes Ziel, um eine Orientierung an etwas Fremdem oder um eine Leistung, die zu erbringen wäre und die uns vor anderen wichtig macht. In uns selbst ist dieser Raum, in dem das Geheimnis wohnt. Dieser Raum der Stille ist frei von den lärmenden Gedanken, die uns sonst bestimmen, er ist frei von den Erwartungen und Wünschen der Menschen um uns herum.

✳

Es bedarf einer großen Stille,
um das Singen der Welt zu vernehmen.
Es ist nicht nur der Wind, der bläst
und die Felder und Wälder
zum Rauschen bringt.
Es ist nicht nur das,
was ich mit meinen Ohren zu hören vermag.
Auch die schweigende Natur singt von der
Schönheit der Welt.

In unserer Seele erklingt der oft
unhörbare Klang des Kosmos,
der göttliche Klang einer Welt,
die uns oft nicht zugänglich ist.
Die Stille ist die Türe,
die unser inneres Ohr aufschließt,
damit es diesen wunderbaren Klang
unserer Seele zu hören vermag.

*

Wenn ein Mensch sich der Stille überlässt, hört er aus der Stille seiner Seele Töne aufsteigen. Töne, die aus ihm selber kommen. Das Herz soll zu diesen Tönen eine Melodie finden, zu der er sein Leben tanzt. Dein Herz hat diese Fähigkeit, aus den einzelnen Tönen, die in uns erklingen, eine Melodie zu formen. Die Melodie deines Lebens. Manchmal ertönen in dir schrille Klänge. Das Herz kann daraus eine Melodie bilden, nach der du tanzen kannst.

*W*ir sind im Einklang mit uns selbst, wenn wir
nicht nach der Pfeife anderer Leute, sondern nach
der inneren Melodie tanzen, die das eigene Herz
in uns formt.
Entdecke diese innere Melodie.
Höre auf die Stille.
Sei achtsam auf alles,
was in dir auftaucht.

✻

Genieße das Schweigen,
das dir dein Engel gewährt.
Horche nach dem Gott,
der dein Schweigen
mit seiner Liebe füllen möchte.

9.
Beruhige dein Herz

Keine ungesunde Hektik.
Immer mit der Ruhe.

✶

Hetzen kommt von hassen.
Es ist gut, sich immer wieder zu fragen:
Warum laufe ich eigentlich so schnell?
Was will ich alles erledigen?
Warum hetze ich mich?
Hetze ich mich, weil ich mich hasse?
Oder laufe ich so schnell,
weil ich zuviel auf einmal will?
Aber was will ich wirklich?
Was ist meine tiefste Sehnsucht?

Ruhig kann keiner werden,
der nicht bereit ist,
sich der eigenen Wirklichkeit
zu stellen.

✳

Wer seine freien Stunden mit Aktivitäten
zupflastert, erlebt zwar viel, aber er lebt nicht.
Er spürt nicht, was Leben ist.

✳

Auch wenn um dich herum Hektik und Unruhe
herrschen: Wenn du in deiner Mitte bist, dann
nimmst du die Hetze zwar wahr, aber du lässt
dich davon nicht anstecken.

✳

Solange du innerlich aufgewühlt bist, kannst du
die Energie nicht wahrnehmen, die in dir strömt.
Es braucht die Ruhe, um die Kraft zu entdecken,
die in dir liegt.

Zuerst muss das Innere in dir zur Ruhe kommen. Dann wird sich die Ruhe auch im Leib auswirken. Wenn das Herz ruhig geworden ist, dann wirst du auch dein Tun in aller Ruhe vollziehen, dann werden deine Bewegungen aus der inneren Ruhe herausfließen, dann hast du teil an der schöpferischen Ruhe Gottes.

Wer das Glück nicht in seiner Seele spürt, der läuft ihm in der Welt des Besitzes oder Erfolges vergeblich hinterher. Er wird nie genug besitzen, er wird nie genügend beachtet werden, er wird nie soviel Erfolg haben, dass er glücklich ist. Glück wohnt in der Seele, im inneren Bereich des Menschen.

*L*ass dich los.
Du darfst so sein, wie du bist.
Ruhe dich aus.
Dann kannst du weiter gehen
Auf dem Weg,
den du dir vorgenommen hast.
Aber jetzt genieße die Ruhe.
Komm mit dir in Einklang.
Wer mit sich im Einklang ist,
den bringt nichts mehr aus der Ruhe.

*W*enn du mit dir im Einklang bist, wenn du innerlich zur Ruhe kommst, mit dir übereinstimmst, dann spürst du das Maß, das für dich stimmt. Und wenn du nach diesem Maß lebst, dann wird auch dein Leben Frucht bringen. Dann wird dein Leben heil und ganz. Und es wird auch für andere zur Quelle des Segens.

Wenn wir den Himmel
in uns entdecken,
dann brauchen wir uns
nur nach innen zu wenden.
Dann sind wir schon im Himmel.
Dann wird es für uns himmlisch.
Dann hören wir auf zu hetzen.

✻

Das Reich Gottes ist in uns,
wenn wir nicht mehr
hin und her gerissen werden
von unseren Leidenschaften und Emotionen,
von unseren Bedürfnissen und Wünschen.

10.
Deiner Liebe darfst du trauen

Liebe kann man nicht erzwingen.
Trau der Liebe, die in dir ist.
In dir ist schon Liebe.
Du musst sie nicht aus dir herauspressen.
Folge der Spur deiner Liebe.
Sie führt dich zu Gott.
Sie öffnet dich für die Menschen.
Sie treibt dich zum Leben.
Sie erfüllt dich mit Freude und Glück.

*I*n jedem von uns
steckt die Sehnsucht nach Liebe.
Bring die Menschen in deiner Umgebung
mit ihrer Liebe in Berührung.
Trau dich, zu lieben und geliebt zu werden.
Lass dich von der Liebe verzaubern,
lass dich von ihr hineinführen
in das Geheimnis einer tieferen Liebe,
die deine wahre Sehnsucht erfüllt.

*

Der wohlwollende Blick des anderen verwandelt uns. Wenn uns die Liebe begegnet, gehen wir erneuert daraus hervor. Ein anderer Mensch kann etwas aus uns herauslieben, was vorher verborgen in uns geschlummert hat.

Die Wärme der Liebe löst alle Verkrampfung. Wer erfährt, dass er gerade dort, wo er sich festklammert, angenommen und gestreichelt wird, dem löst sich alle Enge. Klammere dich also nicht an deiner Angst fest, sondern geh durch sie hindurch. Dann wirst du auf dem Grund deines Herzens jene zärtliche Liebe spüren, die dich mit deiner Angst annimmt und alles Bedrängende und Bedrohliche deiner Angst auflöst.

✳

Lass dich in deinem Herzen von der Liebe berühren, die dir entgegenkommt oder die in dir aufflammt. Gott selbst berührt dich dabei und öffnet dich für das Geheimnis einer klaren und lauteren Liebe, die allen und allem gilt.

*I*n einer Atmosphäre, in der sich der andere geachtet und kostbar fühlt, in der er seine eigene Schönheit entdeckt, drückt sich die Zärtlichkeit auch aus. In solcher Beziehung strömt eine Liebe, die nicht festhält, die keine Besitzansprüche fordert, eine Liebe, die loslässt, die achtet, die ein Gespür hat für das Geheimnis des andern.

✳

Liebe weckt in uns eine Kraft, die uns unser eigenes Geheimnis entdecken lässt. Sie kann unser leeres Herz verwandeln zu einem Ort von Licht und Herrlichkeit.

*E*ine Liebe, die klammert,
engt den anderen ein
und erstickt allmählich die Liebe.
Damit die Liebe lebendig bleibt,
braucht es Nähe *und* Distanz.
Grenzen schaffen Klarheit
in der Beziehung
und sie schaffen Freiheit.

❋

Es gibt in unserem Leben kein Zurück in das
Paradies des ununterbrochenen Einsseins. Wir
leben im Hin und Her zwischen Nähe und
Distanz, zwischen Einheit und Trennung.
Das Paradies endgültiger Einheit erwartet uns
erst, wenn wir im Tod eins werden mit Gott und
mit uns selbst und miteinander.

Wer der Liebe traut, die in ihm strömt, der wird beschenkt, wenn er sie weiterschenkt. Nur verströmende Liebe macht glücklich. Das Glück, das du festhalten, das du für dich allein reservieren musst, ist kein wirkliches Glück. Ein Glück, das nicht mit andern geteilt werden kann, ist zu klein, um uns wirklich glücklich zu machen.

Wer sich nach Liebe sehnt, sehnt sich nicht nur nach einem konkreten Menschen, der ihn liebt und den er zu lieben vermag. Letztlich steckt in der Sehnsucht nach Liebe immer schon die Ahnung einer unendlichen Liebe, die mehr ist als Lieben und Geliebt werden. Es ist die Sehnsucht danach, Liebe zu *sein*. Wer Liebe *ist*, der hat teil an der Wirklichkeit des Absoluten.

*M*anchmal dürfen wir die Erfahrung machen,
dass wir nicht nur einen Menschen lieben,
sondern dass wir Liebe sind.
Dann erfahren wir die Liebe
wie eine Kraft,
wie eine Quelle.
Sie strömt in uns,
ohne zu versiegen.

*D*u kannst in deiner Seele der Liebe einen Ort der Ewigkeit schaffen. Das heißt: Du fixierst dich nicht auf den Mangel an Liebe, an dem du leidest. Du schaust nicht nach anderen aus, um zu fragen, ob sie dich lieben oder nicht. Du kannst dir aber vorstellen, dass in dir eine Quelle göttlicher Liebe ist, die nie versiegt, nie aufhört, die ewig ist. Diese Vorstellung befreit von der Lähmung durch die Fixierung auf die Nichterfahrung von Liebe.

*H*alte deinem Engel der Liebe alles hin, was in dir ist, auch die Wut und den Ärger, auch die Eifersucht und die Angst, auch die Unlust und Enttäuschung. Denn alles in dir möchte von der Liebe verwandelt werden. Der Engel der Liebe möchte dein Leben verwandeln. Er verbietet dir nichts. Er verbietet dir deinen Ärger nicht. Er verlangt nicht, dass du dich nicht verletzt fühlst. Er möchte nur, dass du alles, was du erlebst, von ihm durchleuchten lässt, dass du auch diese verletzten Gefühle in Frage stellen lässt von der Liebe. Dann wirst du deine Konflikte in einem anderen Licht sehen.

*D*ie Liebe ist die entscheidende Wirklichkeit unseres Lebens. Traue deiner Liebe, aber gehe deiner Liebe auch auf den Grund, damit du dort Gott findest als die eigentliche Quelle deiner Liebe.

Die göttliche Liebe ist in dir wie eine Quelle, die nie versiegt. Du musst die Liebe in dir nicht schaffen. Du sollst aus dem Quell der göttlichen Liebe trinken, die in dir sprudelt und die für dich immer reicht.

Wenn du alles, was in dir ist, Gott hinhältst, darfst du erfahren, dass du bedingungslos geliebt bist. Du erfährst eine heilende und liebende Gegenwart, die dich einhüllt und birgt.

11. Freundschaft ist kostbar

*F*reundschaft ist kostbar.
Freundschaft kann man nicht machen.
Sie ist immer ein Geschenk.

✱

Gerade in der Anonymität unserer Zeit
braucht es Orte der Heimat,
Sie sind dort, wo ich zu Hause sein kann.
Dort, wo Freunde sind, entsteht Heimat.

✱

Menschen, die uns lieben, werden für uns zu einem Licht. Licht bedeutet Leben, Heil, Glück, Hoffnung, strahlende Schönheit. Es vertreibt Finsternis, die Angst machen kann, und ordnet das Chaos, das wir mit dem Dunkel verbinden.

Der Freund hört genau hin, was mich im Innersten bewegt. Er hört sich in mich hinein, um zu entdecken, was die Grundmelodie meines Lebens ist, er nimmt wahr, wo und wie mein Leben zum Schwingen und Tönen kommt. Er spiegelt mich und erinnert mich an das, was ich im Tiefsten bin. Seine Aufgabe ist also mehr, als mich nur zu verstehen und mehr als nur bei mir zu stehen. Er nimmt vielmehr die Melodie meines Herzens in sich hinein, um sie dann wieder neu zum Klingen zu bringen, wenn sie in mir verstummt ist.

*

Echte Freundschaft zeichnet sich durch innere Freiheit aus: Du darfst sagen, was du fühlst, ohne alles berechnen zu müssen. Du bist frei, den Weg zu gehen, den du als richtig erkannt hast. Du brauchst keine falsche Rücksicht auf den Freund zu nehmen. Du kannst frei atmen. Und du lässt auch dem Freund den Freiraum, den er für sein Leben braucht.

*I*n der Freundschaft berühre ich das Herz des andern mit all seinen Höhen und Tiefen. Ich spüre, was er fühlt und denkt. Ich sehe, was ihn bewegt und bedrängt. Ich verzichte darauf, zu urteilen und zu bewerten. Ich schaue einfach hin und nehme alles so, wie es ist. Wer den Freund oder die Freundin in seiner ganzen Tiefe erkannt hat, der wird nun auch andere Menschen mit einem klareren Blick betrachten. Und er wird darauf verzichten, sie zu beurteilen. Die Freundschaft befähigt ihn, auch andere Menschen vorurteilslos anzunehmen.

✶

Innere Freiheit ist nötig, damit Freundschaft gelingen kann, damit Beziehungen wirklich glücken. In der Enge kann keine reife Beziehung wachsen. In jeder Bindung brauche ich noch Freiheit. Ich binde mich in Freiheit. Und noch in der Bindung gibt es in mir einen Raum, über den niemand verfügen kann.

Der Mensch bedarf der Freundschaft, wenn er nicht Schaden an seiner Seele nehmen will. Eine höhere Macht ist es letztlich, die Menschen, in denen gleicher Seelenklang ertönt, zueinander führt. Freunde wissen oft selber nicht, warum sie Freunde geworden sind und wie die Freundschaft entstanden ist. Es ist immer etwas Geheimnisvolles um das Werden der Freundschaft. Auf einmal ist sie da. Die Türe in meinem Herzen wurde gerade für diesen Menschen geöffnet.

✳

Trau der Liebe,
die Menschen in dir hervorlocken.
Trau der Liebe,
die du spürst,
zu einem Freund oder einer Freundin.
In jeder Liebe
ist etwas Lauteres und Reines.
In jeder menschlichen Liebe,
auch wenn sie noch so festhalten möchte,
ist etwas von der reinen Gottesliebe.

12.
Lass dich auf die Menschen ein

Wenn du glücklich werden willst,
dann frag dich,
wie du für andere
zum Segen werden kannst.

Um dich herum
wird etwas wachsen,
wenn dein Leben fruchtbar ist.
Menschen beginnen aufzublühen.
Dein Leben
wird zur Quelle des Segens
für andere.

Du kannst die Schwierigkeiten
der anderen durch dein Mitfühlen verwandeln
in einen Weg zu neuem Leben.
Du kannst die Sorgen deines Mitmenschen
in Segen verwandeln.

Gehe auf andere Menschen zu.
Lass dich auf sie ein.
Versuche zu helfen,
wo du helfen kannst.
Schenke deine Zuwendung.
Gut zu leben heißt immer auch:
in Beziehung leben.
Wer nur um sich selber kreist,
der tut sich selbst nichts wirklich Gutes.
Nur wer andere liebt, bekommt die Liebe zurück.
Das Glück dessen, dem man geholfen hat,
strahlt auf den Helfer zurück.

Du wartest vielleicht auf Außergewöhnliches und merkst gar nicht, wie Gott täglich zu dir kommt in Menschen, die dich um etwas bitten, in Menschen, die dich mit einem Lächeln beschenken.

✳

Im anderen Menschen
leuchtet etwas Göttliches auf.
Wenn ich es achte,
kann ich mich daran erfreuen.
Wenn nicht,
werde ich auch blind
für meine eigenen Bedürfnisse.

Suche die Spannung,
die das Leben und die Liebe
in dir strömen lässt, damit von dir Leben ausgeht
für die Menschen deiner Umgebung.

✳

Alles, was bewusst geschieht, hinterlässt Spuren.
Und in diesen Spuren wird ein Same ausgesät, der
irgendwann einmal aufgehen wird in den Herzen
der Menschen, denen du begegnet bist, zu denen
du gesprochen, für die du gearbeitet und dich
eingesetzt hast.

✳

Es gehört zu unserem Leben,
dass wir es mit anderen teilen.
Nur wenn wir uns austauschen,
wird unser Leben fruchtbar.
Wenn du bereit bist zu teilen,
werden auch die Menschen
ihr Leben mit dir teilen.
Du hast teil an der Vielfalt
und dem Reichtum der Menschen.

Wenn du den anderen nur zu deiner eigenen Selbstverwirklichung brauchst, wirst du ständig enttäuscht sein.

Die Sehnsucht nach Geborgenheit darf uns nicht in die Passivität führen. Vielmehr soll sie uns in Bewegung bringen, damit wir uns selbst nahe kommen und uns für die Menschen öffnen, die schon in unserer Nähe sind. Wenn wir ihnen nahe kommen, werden wir auch ihre Nähe erfahren.

Jeder Mensch sehnt sich nach Zuwendung. Es ist der ursprüngliche und elementare Wunsch des Kindes, dass sich der liebende Blick seiner Mutter ihm zuwendet und ihm zulächelt. Diese Urerfahrung, die dem Kind Daseinsberechtigung schenkt, vermittelt ihm: Du bist willkommen auf dieser Erde. Das wollen wir immer wieder erfahren. Die mütterliche Zuwendung ist Urbild des Segens.

Ein Lächeln bringt Menschen einander näher, die sich vorher noch fremd waren. Ein Lächeln, das vom Herzen kommt, schafft sofort Nähe und Einverständnis. Es lädt ein, sich dem andern zu öffnen. Du fühlst dich verstanden und angenommen, ernst genommen. Du darfst sagen, was du denkst. Du wirst nicht beurteilt.

Das heitere Herz ist immer auch ein weites Herz. Es ist voller Milde. Es urteilt nicht. Es verbreitet in seiner Umgebung Freude. Heiterkeit ist innere Klarheit. Nicht nur die wetterfühligen Menschen wissen aus eigener Erfahrung: Der heitere Himmel hellt auch das Gemüt des Menschen auf. Er tut ihm gut und fördert seine gute Laune.

Menschen können Engel sein, die im rechten Augenblick in unser Leben treten, die uns auf etwas hinweisen, das für uns zum Segen wird, die rettend und helfend eingreifen, wenn wir nicht mehr weiter wissen.

✳

Es gibt kein menschliches Zusammenleben ohne Verzeihung. Denn ob wir wollen oder nicht, immer wieder werden wir einander verletzen. Verzeihen reinigt die Atmosphäre und ermöglicht so auch uns, die wir verletzt sind und immer wieder verletzen, ein menschliches Miteinander. Wir alle brauchen den Engel der Vergebung, damit unsere seelischen Wunden heilen können.

Solange du nicht vergeben kannst, bist du an den andern gebunden. Vergebung befreit dich. Und zugleich führt die Vergebung zu innerer Stärke und Klarheit und Freiheit.

✱

Wer den andern hart behandelt, tut sich selber weh. Wenn du einen anderen anschreist, verletzt du dich selber. Du möchtest das Zarte in dir mit Geschrei übertönen. Doch das tut deiner Seele nicht gut. Wenn du dich des andern erbarmst, bist du auch dir selbst gegenüber barmherzig.

✱

Worum es eigentlich in unserem Leben geht, ist dies: fähig zu werden, unser eigenes Leben zu leben, damit es zu einer nährenden Quelle für andere wird.

Sei gerecht anderen Menschen gegenüber. Gerecht ist, wer den anderen als anderen gelten lässt, ihn in seinem Anderssein bestätigt und ihm zu dem verhilft, was ihm zusteht.

*

Sei barmherzig – zu anderen und zu dir selbst. Du wirst die Barmherzigkeit des andern nur als wohltuend erfahren, wenn er mit sich selbst barmherzig umgeht. Dann wird das Erbarmen wechselseitig. Das Erbarmen tut dir und dem andern gut.

*

Sei gütig zu den Menschen, die dir auf deinem Weg begegnen. Wer mit Milde und Güte auf sich und auf andere sieht, der lässt sich nicht von ihren Fehlern blockieren. Er setzt auf das Gute und glaubt daran, auch wenn er immer wieder enttäuscht wird. Und dieser Glaube an das Gute in jedem lockt letztlich auch das Gute im Menschen hervor. Er schafft das Gute, weil er das Gute in jedem Menschen erkennt.

*E*rkenne die Leistungen anderer Menschen an. Menschen brauchen Anerkennung. Sie freuen sich und blühen auf, wenn sie gelobt werden. Loben ist freilich eine Kunst. Sie verlangt Ehrlichkeit, Natürlichkeit und die Fähigkeit wahrzunehmen, was der andere ist und was er dir und der Gemeinschaft bedeutet. Das Loben wird dir die Welt in einem anderen Licht zeigen. Und es wird deine Seele leben lassen. Denn Loben entspricht dem Wesen deiner Seele.

✻

Sprich mit dem Herzen. Worte, die aus dem Herzen strömen, sind immer Worte der Liebe. Sie atmen Wärme, Zärtlichkeit, Verständnis und Nähe. Und sie verbinden sich mit dem Herzen dessen, dem die Worte gelten. Sie schaffen Beziehung: Etwas fließt zwischen den Herzen hin und her.

Unser Herz ist der Ort, an dem Gott selbst im Menschen wohnt. Das Herz ist der Ort, an dem Himmel und Erde sich berühren. Und zugleich ist das Herz die Tür, durch die ein anderer Mensch bei uns eintreten kann. Das Herz verbindet Menschen miteinander. Doch immer wenn zwei Herzen sich berühren, öffnet sich der Himmel über ihnen. Da steigen Engel auf der Himmelsleiter auf und nieder.

13.
Wo Leben ist, führt eine Spur zum Glück

Licht und Dunkel, Freude und Schmerz gehören zu unserem Leben. Erst wenn du diese Gegensätzlichkeit annimmst und dich damit aussöhnst, kommst du zu einer Bewertung deines Lebens, die die Voraussetzung dafür schafft, glücklich zu werden.

*

Das Leben an sich, mit seinen Höhen und Tiefen, mit seinen Licht- und Schattenseiten, mit seinem Auf und Ab, mit Schmerz und Freude ist eine Herrlichkeit. Es ist immer spannend, das Leben anzuschauen und staunend zurückzutreten, um seinem Geheimnis nachzuspüren.

Glück ist Ausdruck erfüllten Lebens. Wenn du mit allen Sinnen lebst, wenn du dich einlässt auf das Leben, dann wirst du in deiner Lebendigkeit auch Glück erfahren. Das Glück lässt sich nicht festhalten, genauso wenig wie das Leben. Das Leben fließt immer weiter. Manchmal fließt es durch finstere Täler, manchmal wird es zum jähen Wasserfall.

Auch im Schmerz ist Leben. Und so kann in allem eine Ahnung von Glück sein, im Schmerz, der dich für den Bruder oder die Schwester öffnet, in der Freude, die du mit anderen teilst, in der Anstrengung, die du auf dich nimmst, um einen Gipfel zu besteigen, in der Entspannung, wenn du im Meer schwimmst. Überall wo wirklich Leben ist, ist auch eine Spur von Glück.

*G*anz gleich
welche Ursache dein Schmerz hat,
suche Beistand in deinem Schmerz.
Sprich mit Menschen, die dich verstehen.
Vergrabe dich nicht in deinem Leiden,
sondern öffne es
auf einen Menschen
oder auf Gott hin.
Dann wirst du
Trost erfahren,
Festigkeit,
Hoffnung,
Zuversicht.

*F*inde den Mut, deine Wunden zu zeigen. Dann wirst du erfahren, wie Menschen zu dir kommen und dir von ihren Verletzungen und ihren Wunden erzählen. Du wirst zu einem Ratgeber für andere. Deine Wunde wird zu einer kostbaren Perle werden, für dich selbst und für andere.

*A*us der Krise wächst auch Kraft. Die Krise zerbricht die Masken nach außen, aber auch die Absicherungstendenzen nach innen. Auf diese Weise kommst du in Berührung mit dem inneren Raum in dir, in dem Gott in dir wohnt. In diesem Raum sprudelt die Quelle des Heiligen Geistes. Die Krisen brechen den Zugang zu dieser Quelle auf, aus der wir immer schöpfen können. Diese Quelle ist unerschöpflich, weil sie göttlich ist. Aus ihr strömt dir die Kraft zu, die du brauchst, um durch die vielen Tode deines Lebens zum wahren Leben zu finden

*W*er sich an die schmerzlichen Erlebnisse in seiner Lebensgeschichte erinnert, befreie sich von der destruktiven Macht dieser Erfahrungen. Der räumt gleichsam das Laub weg, das sich auf den Ackerboden seiner Seele gelegt hat. Nur so kann die Sonne der göttlichen Liebe die Blumen in uns hervorlocken.

*N*ur aus dem verwundeten Herzen,
nur aus der Sehnsucht
entsteht Neues.
Jedes Leid
erinnert uns
an unsere Sehnsucht.
Durch die Sehnsucht
wird das Leid verwandelt.
Es öffnet mein Leben
auf eine neue Freiheit hin.

*E*in Engel öffne dir die Tür zu deinem eigenen
Herzen, damit du in dir selber den Ort entdeckst,
an dem Himmel und Erde sich berühren, an dem
Gott selbst in dir wohnt und dir so eine Wohnung
bereitet, in der du gerne wohnst, in der du
Gefallen hast an dir und deinem Leben, an Gott
und an den Menschen.

14. *Zur Freude geboren*

Der Mensch
ist zum Glück geboren.
Wenn wir die Natur
mit wachen Sinnen wahrnehmen,
erkennen wir unser Wesen,
das von innen her
diesem Glück entgegenstrebt.

Der Mensch
ist zur Freude geboren
Das Vergnügen
ist eine Befriedigung meiner Wünsche,
die Freude dagegen
macht lebendig.

Die Freude entspricht
dem Wesen des Menschen.
Sie tut seiner Gesundheit gut
und sie verlängert sein Leben.

✳

Es gibt Vergnügungssucht.
Eine Sucht nach Freude gibt es nicht.
Vergnügen kann krank machen.
Man wird unersättlich.
Freude erfüllt.
Sie macht nicht krank,
sie macht gesund.

✳

Der Spaß bleibt an der Oberfläche.
Er dringt nicht in den Grund des Herzens ein.
Am Grund des Herzens aber
liegt die Freude in jedem Menschen bereit:
ein Schatz, den wir heben können.

*F*reude – was ist das?
Freude ist einfach.
Es ist schön, gesund zu sein
Und seinen Leib zu bewegen.
Es macht Freude, frei durchzuatmen.
Und es ist eine Freude,
die täglichen Überraschungen des Lebens
bewusst wahrzunehmen.

*F*reude geht auf leisen Sohlen. Man merkt sie kaum, wenn sie in unser Herz eintritt. Aber sie wohnt dort, wenn wir sie nicht gewaltsam vertreiben. Freude nimmt die Tränen von unseren Träumen. Sie wischt uns die Tränen vom Gesicht. Sie bringt uns in Berührung mit den Träumen. Sie lässt die Träume wahr werden.

*F*reude erfüllt uns mit Lebendigkeit, so wie eine Frucht uns mit Leben beschenkt. Und Freude atmet die Leichtigkeit des Vogels. Wie die Musik schwingt sie sich über die Erdenschwere hinweg und erhebt sich wie der Vogel in die Lüfte.

*F*reude ist letztlich immer eine Qualität der
eigenen Seele. Eine Sache, über die ich mich
freue, bringt mich nur in Berührung mit der
Freude, die in mir ist. Letztlich ist es also immer
Freude an sich selbst. Die Freude an mir selbst
gehört mir. Sie kann mir daher auch niemand
rauben.

*K*omm in Berührung mit deiner Freude.
Lass dich von ihr beseelen.
Dann wird dein Leben nicht mehr bestimmt
von Anerkennung und Zuwendung,
von Erfolg oder Misserfolg,
sondern von der inneren Freude,
die in dir ist
und die dir nicht genommen werden kann,
weil sie aus einer tieferen Quelle kommt.

*W*er die Freude
bis auf ihren Grund auskostet,
der berührt Gott.

15.
Dankbar für alles

Dankbarkeit klammert sich an nichts.
Sie ist eine Grundhaltung,
die durch alles, was geschieht,
genährt werden kann.
Es ist immer der Augenblick,
in dem ich dankbar bin,
dankbar für das,
was mir gerade jetzt widerfährt,
was mich in Bewegung bringt,
was mich herausfordert,
was mich beglückt.

✷

Wer sich lebhaft an schöne Erlebnisse der Vergangenheit erinnern kann, der schöpft aus einer schier unerschöpflichen Quelle.

*W*er dankbar auf sein Leben blickt,
der wird einverstanden sein mit dem,
was ihm widerfahren ist.
Er hört auf, gegen sich
und sein Schicksal zu rebellieren.
Geh mit dem Engel der Dankbarkeit
durch diesen Tag.
Du wirst sehen,
wie du alles
in einem andern Licht erkennst.
Du wirst erfahren,
wie dein Leben
einen neuen Geschmack bekommt.

❋

Schaue dankbar auf das zurück, was du von den Menschen hast, die vor dir waren, von Ideen, die andere in diese Welt bringen. Auch durch dich selber will Neues aufleuchten. Gott ist der ewig Neue. Er hat auch mit dir einen neuen Anfang gesetzt. Er will durch dich neue Worte, neue Gedanken, neue Lösungen in diese Welt bringen. Gestalte dein Leben neu, so wie der ewig neue Gott es dir zutraut.

Wer selbst dann dankbar sein kann, wenn ihm etwas gegen den Strich geht, den vermag auch das Missgeschick nicht aus seiner inneren Freude zu vertreiben. Die Dankbarkeit wird ihn lehren, dass selbst das, was seine Pläne durchkreuzt, manchmal neue Türen aufschließen kann, die weite Räume und ungeahnt herrliche Wege eröffnen.

✳

Vergleich dich nicht mit anderen. Sei dankbar für das, was Gott dir geschenkt hat und jeden Augenblick anbietet. Anstatt auf die andern zu schauen, nimm dich wahr, wie du selber bist. Sei bei dir, sei einfach da. Das ist die Bedingung, um Ruhe finden zu können, da zu sein, im Einklang mit sich, im Frieden den Augenblick zu genießen.

✳

Wenn du einem anderen dankst, dann lernst du ihn dadurch auch lieben. Und dein Danken wird zudem zum Segen für den anderen.

16.
Offen für das Wunder

Glück ist letztlich
immer Geschenk,
Glück ist
immer ein Wunder.
Wunder kann man nicht machen.
Wunder geschehen.
Wunder überraschen uns.
Wunder stellen sich ein.
Und Wunder kommen immer vom Himmel.
Sie fallen auf uns herab.
Wir können nur die Hände aufhalten,
damit das Wunder nicht an uns vorbeifällt.

Je mehr wir direkt das Glück wollen,
desto weniger werden wir es erreichen.
Ich kann das Glück nicht bewusst anstreben.
Glücklich werde ich sein,
wenn mir etwas gelingt,
wenn ich etwas erfahre,
was mich tief berührt.
Wenn ich liebe,
Ich kann mich für die Liebe entscheiden.

✷

Viele wollen das Glück besitzen, als ob sie ein Anrecht darauf hätten. Aber sie vergessen, dass man Glück immer nur als Geschenk entgegen nehmen kann. Nur wenn ich es mir schenken lasse, wird es mich mit Freude erfüllen. Sonst kann ich noch so viele wertvolle Menschen kennen – und werde mich über ihre Nähe nicht freuen können. Ich kann noch soviel Güter besitzen. Sie werden mich nicht glücklich machen.

*F*reude und Überraschung sind Geschwister.
Dort, wo ich kreativ reagiere auf das,
was meine Absichten ungeplant durchkreuzt,
habe ich das Gefühl: Es ist gut so.

*

Wer sein Leben genau plant, so dass alles so
abläuft, wie er sich das täglich vornimmt, der
mag darin eine gewisse Befriedigung finden.
Doch die Freude entsteht eigentlich gerade dann,
wenn etwas Unvorhersagbares eintrifft, wenn
mich ein Freund nach langer Pause wieder anruft,
wenn die Sonne auf einmal durch den Nebel
dringt, wenn sich ein Problem von selbst löst,
wenn eine gute Nachricht eintrifft.

*

Manchmal überrascht uns die Freude, sie greift
nach uns, ohne dass wir etwas dazu tun können.
Es kommt nur darauf an, dass wir nach uns
greifen lassen, dass wir offen sind für die
göttliche Überraschung.

*E*s braucht Humor, das Leben, das wir ordnen möchten, immer wieder so anzunehmen, wie es sich uns darbietet, oft genug chaotisch, unvermutet, in unseren Plänen durchkreuzt.

✻

Leben ist immer auch Risiko. Ein Risiko gehe ich in jeder Begegnung ein. Ich wage mich aus mir heraus. Oder wenn ich mich für etwas entscheide, weiß ich nie im Vorhinein, wie es ausgeht. Doch wer sich nie entscheidet, wer sich immer vorher absichern möchte, der wird das Leben verpassen. Wer das Leben verpasst oder verweigert, dessen Seele verkümmert und erstarrt.

✻

Wer das Unbekannte scheut,
der wird nie in seine eigene Kraft hineinwachsen.
Wer nur Dienst nach Vorschrift ausübt,
der wird dabei auch nicht glücklich.
Er hat zwar ein bequemes Leben.
Aber es wird langweilig.

Nur ein weiter Horizont
lässt uns Neues sehen,
und nur diese Offenheit
macht unseren Geist frei.

17.
Achte die Grenzen – finde dein Maß

Offensichtlich kann unser Leben nur gelingen,
wenn es innerhalb bestimmter Grenzen gelebt
wird.

Ich muss um meine Grenze wissen.
Erst dann kann ich sie überschreiten,
um auf den anderen zuzugehen
und ihm zu begegnen,
ihn in der Begegnung zu berühren
und darin möglicherweise
einen Augenblick von Eins-werden zu erfahren.

Wer sich mit seinen Grenzen aussöhnt
und liebevoll mit ihnen umgeht,
dessen Leben gelingt,
der erfährt Glück.

Wer die Grenzen auflöst,
der verliert an Kraft und Klarheit.
Er wird bald nicht mehr wissen,
wer er eigentlich ist
und aus welcher Wurzel er lebt.

✻

Viele Menschen beachten ihre Grenze nicht.
Sie leben über ihre Verhältnisse
und merken irgendwann,
dass sie ihr Maß verloren haben.
Ohne das rechte Maß aber
gelingt das Leben nicht.

✻

Das Ziel des rechten Maßes ist die Ruhe der Seele, die innere Ausgeglichenheit, der Einklang mit mir selbst. Doch das erreiche ich nur, wenn ich alles in mir richtig ordne.

Wer in seiner eigenen Mitte ist, ist gegen Verletzungen seiner Grenzen am ehesten gefeit.

✳

Ich weiß selbst um mein Maß.
Was mein Maß ist, das darf ich mir nicht von anderen vorschreiben lassen.
Ich muss meine Grenze verteidigen
und darf dabei auch riskieren,
dass ich von meiner Umgebung als egoistisch beschimpft werde.

✳

Ich muss mich den Grenzen stellen und mich an ihnen reiben. Das tut oft weh. Es erzeugt aber auch eine gesunde Spannung, die Spannung zwischen dem Akzeptieren der Grenzen und dem Hinausschieben und Überspringen.

Grenzen setzen ist durchaus ein Zeichen von Liebe. Eine Erziehung zum Beispiel, die keine Grenzen setzt, wird von den Kindern nicht als Freiheit und Liebe erfahren, sondern als Gleichgültigkeit und „Nichtverwahrtsein".

※

Der entscheidende Grund, warum wir uns oft mit dem Abgrenzen schwer tun, ist die Angst, wir könnten uns unbeliebt machen, wir würden eine Beziehung stören oder gar abbrechen, wir würden abgelehnt. In Wirklichkeit ist es gerade umgekehrt: Die Bejahung der eigenen Grenzen schafft gesunde Beziehungen.

※

Jeder ist für seine eigene Grenze verantwortlich. Wir müssen lernen, zu unserer Grenze zu stehen. Der andere kann es von sich aus nicht wissen. Wir müssen es ihm sagen oder ihm durch unser Verhalten klar machen, wo unsere Grenze liegt.

*D*ie eigene Grenze zu betonen, ohne sich rechtfertigen zu müssen, ist ein Weg, der uns zudem viel Energie und Kraft ersparen kann.

*I*ch brauche mich nicht zu rechtfertigen. Ich sage das, was ich für stimmig empfinde. Das genügt. Ich muss mich nicht unter Druck setzen, dass der andere mein Nein verstehen und für gut heißen muss. Ich habe nein gesagt. Das genügt. Was der andere denkt, ist seine Sache. Darüber muss ich mir nicht den Kopf zerbrechen.

Die Kraft wächst mit dem Ziel.
Wer ein Ziel anstrebt und auf es zugeht,
wird erst merken, wozu er fähig ist.

Grenzen sind nie etwas Absolutes.
Sie können auch in positivem Sinn zur Herausforderung werden.

Wer nie den Mut hat,
seine eigene Grenze zu überschreiten,
dessen Leben verkümmert.

Der Mensch stößt in seinem Leben
notwendig an die Grenze des Todes.
Es ist Zeichen menschlicher Weisheit,
diese Grenze zu akzeptieren.
Die Grenze des Todes lädt uns ein,
Ja zu sagen zu unserer menschlichen Begrenzung
und zugleich zu unserer Grenzenlosigkeit,
die uns Gott geschenkt hat.

Die Grenze unseres Todes
ist eine Einladung,
hier und jetzt
bewusst und intensiv
zu leben,
den Geschmack des Lebens
zu erahnen.
Ich muss nicht alles
in diese begrenzte Zeit hineinpressen.
Wenn ich diese Grenze annehme,
dann bin ich dankbar
für jeden Augenblick.
Ich erlebe ihn in seiner Fülle.
In dieser kurzen Zeit,
in der ich ganz gegenwärtig bin,
habe ich teil an allem.
In der begrenzten Zeit erlebe ich
die Grenzenlosigkeit der Ewigkeit.

18.
Quellen deiner Kraft

Viele haben heute das Gefühl, dass die Quelle, aus der sie leben, trüb geworden ist. Sie hat ihre erneuernde Kraft verloren. Oder sie ist eingetrübt durch Haltungen, die der Seele nicht gut tun, oder durch Emotionen, die von außen her eine ursprünglich reine Quelle beschmutzen. Da sehnen sich viele Menschen nach einer Klarheit, die erfrischt.

❋

Autos lassen sich an den Zapfstellen der Mineralökonzerne gegen Geld wieder auftanken, wenn der Sprit verbraucht ist. Akkus lassen sich wieder laden. Doch wir Menschen sind keine Maschinen.

Von den Quellen,
aus denen wir schöpfen,
hängt es ab,
ob unser Leben gelingt
oder nicht.

*

Wenn wir nicht genügend in die Tiefe gehen, dann stoßen wir nur auf trübes Wasser. Wir dürfen nicht an der Oberfläche bleiben, wenn wir klares, lebensspendendes Wasser haben wollen. Wir müssen vorstoßen bis zu jenen Quellen, die uns wirklich erfrischen, die unser Leben befruchten und die das Trübe in uns klären.

Wer aus der Quelle des Heiligen Geistes schöpft, von dem geht Leichtigkeit, Fruchtbarkeit und Lebendigkeit aus. Damit wir diese reine Quelle in uns entdecken, müssen wir uns erst den trüben Quellen stellen, um durch sie hindurch zu den klaren Quellen auf dem Grund unserer Seele zu stoßen.

✺

Der Sinn, den ich meinem Leben im Ganzen und den ich der konkreten Situation gebe, ist etwas, woraus ich Kraft schöpfe und was mein Leben befruchtet und erfrischt. Wenn ich keinen Sinn wahrnehme, verliere ich den Kontakt zu dieser Quelle. Ich irre ziellos herum, ohne die lebensspendenden Möglichkeiten zu entdecken, die unmittelbar vor meinen Füßen sprudeln.

*I*mmer wenn wir erschöpft sind,
ist es ein Zeichen dafür,
dass wir nicht aus der inneren Kraft leben,
sondern aus trüben Quellen schöpfen.
Wer anderen gibt,
weil er selbst Zuwendung braucht,
der ist schnell verausgabt.

✳

Letztlich ist es gar nicht so wichtig, was die anderen wollen. Ich muss in mir spüren, was für mich stimmt. Nur wenn ich so mit mir selber in Kontakt komme, werde ich auch an meine inneren Ressourcen kommen.

✳

Ich entdecke meine persönliche Quelle, wenn ich mich frage: Woraus habe ich als Kind meine Kraft geschöpft? Wo ist meine Energie am meisten geströmt? Was konnte ich stundenlang spielen, ohne zu ermüden? Wenn ich mich an solche Situationen erinnere, dann komme ich mit meiner eigenen Kraft in Berührung

Wenn wir aus unserer inneren klaren Quelle schöpfen, können wir viel und gut arbeiten. Und wir werden es mit neuer Freude und Energie tun. Die eigene Quelle bringt etwas Erfrischendes in unseren Leib und unsere Seele. Und sie lässt das, was wir tun, auch gelingen.

✻

Dein Leben wird fruchtbar sein, wenn du aus der inneren Quelle heraus lebst. Lass dich nicht unter Druck setzen, unbedingt etwas leisten und dich beweisen zu müssen. Entscheidend ist es, mit der inneren Quelle deines Lebens in Kontakt zu kommen.

19.
Sei gut zu dir

Sei gut zu dir selber, das heißt: Geh barmherzig mit dir um. Gut zu sich sein bedeutet nämlich: mit sich selbst zu fühlen. Es heißt, mich dem verletzten Kind in mir verbunden zu fühlen und Mitleid mit ihm zu haben. Auf die eigenen inneren Wunden mit dem mitfühlenden Blick des Herzens zu sehen, mit der Zuwendung eines herzlichen Mitgefühls zu reagieren. Nicht gegen meine eigenen Schwächen zu wüten, sondern sich ihnen liebevoll zuzuwenden und mit ihnen zu fühlen. Nur unter einem zärtlichen Blick wird sich ihre Armseligkeit wandeln.

Gut zu mir zu sein meint nichts anderes, als mein eigenes Herz zu öffnen gegenüber dem, was in mir unglücklich und einsam ist.

Erkenne das Mütterliche in dir. Nimm das verletzte Kind in dir in deine mütterlichen Arme. Und schenke dir die Geborgenheit, die das verletzte und verwaiste Kind in dir braucht. Du hast Teil an Gottes mütterlicher Liebe und Kraft.

Mach dir das Leben nicht schwer,
indem du zu ernst nimmst,
was dir an dir selbst nicht gefällt
und was dich an anderen ärgert.
Lass es sein!
Schau hinter die Dinge!

Entwickle Phantasie, wie du Freude in das Leben der Menschen bringen kannst, denen du begegnest. Die Rosen, die du in das Leben anderer bringst, duften nicht nur für sie, sondern auch für dich. Sie erfüllen auch dein Herz mit Liebe und Freude. Indem du dich auf Menschen zu bewegst, kommt in dir etwas in Bewegung, wirst du innerlich frei und weit.

20.
Gib der Hoffnung Raum

*H*offen heißt:
auf eine heilvolle Zukunft setzen
trotz aller deprimierenden Wirklichkeit.
Hoffen heißt, sich selbst nicht aufgeben,
Hoffen heißt vertrauen,
dass Gott alles zu verwandeln vermag.
Es wird unsere Seele mit Freude erfüllen –
wenn wir nur der Hoffnung in uns
Raum geben.

*

Bleib innerlich klar.
Lass deine Seele nicht trüben
von den dunklen Wolken
am Firmament des eigenen Herzens.

Wer das Licht auch durch den Nebel des Alltags hindurchschimmern sieht, wer den Glauben an die Helligkeit nicht aufgibt, auch wenn er im dunklen Loch seiner Depression sitzt, der wird auch mitten in seiner Traurigkeit und Unzufriedenheit den Weg ins Freie finden.
Es ist eine eigene Lebenskunst, diesen Weg auch dann zu finden, wenn du innerlich aufgewühlt oder verletzt, enttäuscht und verzweifelt bist.

✳

Weinen kann auch heilsam sein. Es kann dich innerlich befreien von der Trauer, die in dir ist. Doch wenn du aus Selbstmitleid weinst, dann bewegt sich nichts in deinem Innern. Du bleibst in deinem Weinen stecken – und machst dir nur das Gesicht nass.

Wir tragen den Himmel, auf den wir zugehen,
schon in uns. So ist der ganze Weg zum Himmel
schon Himmel. Auch wenn der Himmel deines
Bewusstseins oft verhangen ist oder dunkle
Wolken ein Ungewitter ankündigen, so darfst du
doch gewiss sein: Der Himmel in dir kann sich
nicht verdunkeln. Dort, wo Gott in dir wohnt,
dort ist der Himmel. Dort weitet sich dein Herz.

Traue der Hoffnung.
Sie macht deine Seele weit.
Sie gibt deiner Seele Auftrieb,
dass sie sich ausrichtet
auf das noch Ausstehende,
wo du dich in einem unüberbietbaren Sinn
ganz zu Hause fühlen kannst.

21.
Nimm an deiner Sehnsucht Maß

Wir sind Zugvögel.
Unser Nest
ist nur ein Nest auf Zeit.
Wir sind auf dem Weg
in ein anderes Land.
Wir sind Zugvögel,
aber keine Nesthocker,
Wir sind Zugvögel
und halten Ausschau
„nach anderem Land"
Und wir fliegen darauf zu.
Voller Sehnsucht.

Die Sehnsucht hält uns nicht fest.
Sie weitet unser Herz
und lässt uns frei atmen.
Sie verleiht unserem Leben
seine menschliche Würde.

✶

Nur wo die Sehnsucht ist, ist wirkliches Leben.
Nur dort, wo du dich deiner Sehnsucht stellst,
bist du auf der Spur des Lebens,
nur dort entdeckst du deine eigene Lebendigkeit.

✶

Wünsche halten uns lebendig. Es gibt zwar
Menschen, die wunschlos glücklich sind. Aber die
Gefahr ist, dass sie sich vorschnell zufrieden
geben mit dem, was sie erreicht haben. Wünsche,
deren Erfüllung man gar nicht abwarten kann,
gehen über das Vordergründige hinaus. Sie zielen
auf das wahre Glück, das wir nicht in diesem
Leben, sondern erst in der Vollendung erfahren.

Menschen, die alles erreicht haben, wonach sie sich sehnen, werden oft von einem Gefühl innerer Leere heimgesucht. Und die Sehnsucht nach etwas ganz anderem wird sogar noch größer. Nichts Irdisches, kein Erfolg, kein geliebter Mensch kann unsere innere Unruhe beruhigen. Wir werden erst zur Ruhe kommen, wenn wir die innere Quelle finden, die nie versiegt, die Geborgenheit und Heimat, aus der wir nie vertrieben werden, und eine Liebe, die sich nie auflöst und uns nicht zwischen den Fingern zerrinnt.

✳

Finde dich nicht einfach ab
mit der Welt, so wie sie ist.
Nimm die Herausforderung an,
Türen zu öffnen,
Grenzen zu überschreiten
und in eine größere Weite zu gelangen.

Die Sehnsucht bringt dich in Berührung mit dir selbst. Wenn du deine Sehnsucht spürst, dann bist du in deinem Herzen. Und dann haben die andern mit ihrer Erwartung keine Macht über dich. Die Sehnsucht bewahrt dich davor, auf die Enttäuschungen deines Lebens mit Resignation zu reagieren. Im Gegenteil, die Enttäuschung hält deine Sehnsucht wach.

*

Nur von dem,
der mit seinen Lebensträumen
in Berührung ist,
wird etwas ausgehen können,
das diese Welt verwandelt.
Nur wer noch Träume hat,
kann in dieser Welt etwas bewegen.
Wir sind mehr als dieses Stück Leib,
das von unserer Haut umschlossen wird.
In uns leben Träume,
die das eigene Herz weiten
und diese Welt
in Bewegung bringen können.

22.
Mit dir im Einklang und versöhnt

Dich selbst lieben
heißt: dich so lieben,
wie du geworden bist.
Das ist der Schlüssel zum Glück:
sich selber in seiner eigenen Begrenztheit
zu lieben
und auch die anderen mit ihren Grenzen
zu lieben.

✱

Wir können unsere Schwächen
und auch unsere Schattenseiten
nie ganz eliminieren.
Aber wir können lernen,
mit ihnen anders umzugehen.

Wenn wir bitter sind,
geht von uns Bitterkeit aus,
wenn es in uns dunkel ist,
wird die Welt um uns herum verdunkelt.
Deine Sendung ist, die Welt heller zu machen.

✳

Wenn es dir gelingt,
ganz im Einklang mit dir selbst zu sein,
dankbar anzunehmen,
was Gott dir an Fähigkeiten gegeben hat,
aber auch dankbar zu sein
für die Grenzen,
die du wahrnimmst,
dann ahnst du,
was wirkliches Glück ist.
Noch mehr:
Dann kannst du von dir sagen,
dass du glücklich *bist*.
Es ist gut so, wie es ist.

Wer im Innersten gesund sein will,
der muss einverstanden sein
mit der Welt, so wie sie ist.
Er muss einverstanden sein
mit der eigenen Lebensgeschichte,
mit dem Weg, den Gott ihm zugemutet hat.
Nur so kommt er mit sich selbst in Einklang.
Mit sich selbst im Einklang zu sein,
das ist eine Voraussetzung der Gesundheit.
Und des Glücks.

*

Lass dich nicht lähmen
durch deine Fehler und Schwächen.
Schau sie an, verdränge sie nicht,
akzeptiere, dass du fehlbar bist –
und arbeite an deinen Schwächen.
Aber verbeiße dich nicht in sie.
Lass sie los.
Wenn Gott dir vergibt,
darfst auch du dir vergeben.
Sei barmherzig mit dir selber.

Klage nicht immer nur über deine Probleme oder deine Schwächen. Achte heute einmal besonders darauf, was du gut kannst. Konzentriere dich auf deine Fähigkeiten.
Jeder von uns hat solche Stärken.
Auch du.

✶

Wer mit sich im Einklang ist,
der kann auch um sich herum
Harmonie schaffen.

✶

Wenn du ja sagst zu dir, so wie du bist, spürst du dich, spürst du Lebendigkeit und Weite.
Was ist denn Erfolg? Wenn dir etwas glückt, bist du glücklich. Das Glück ist in dir. Du musst es nicht durch äußeren Erfolg erreichen. In Einklang zu kommen mit dir selbst, innere Harmonie zu erreichen, das macht glücklich. Und es strahlt nach außen. Wenn du dich selber anerkennst, musst du der Anerkennung nicht nachlaufen. Dann ist es nicht mehr so wichtig, was andere über dich sagen.

Du wirst innere Harmonie erlangen,
wenn du alles,
was in dir ist an Gegensätzen,
zusammenfügst.
Du nimmst deine Gegensätze wahr.
Du lässt sie zu.
So zerreißen sie dich nicht mehr.
Du ordnest sie zueinander.
Du lässt jedem Bereich in dir
seinen eigenen Klang.
So kann alles zusammen klingen.
So entsteht Harmonie in dir.
Du bist mit allem, was in dir ist,
im Einklang.
Du musst nichts in dir verdrängen.
Alles in dir darf mit seinem Klang tönen.

Deine einzigartige Stimme
Darf nicht fehlen
im vielstimmigen Chor
dieser Welt.
Sonst wäre die Welt ärmer.
Ohne dich würden die vielen Stimmen
nicht so schön zusammenklingen.

Glauben heißt, sich in einem neuen Licht sehen. Wie siehst du dich selbst? Von welchen Maßstäben her schaust du auf dich? Lass alle deine Vorurteile, deine Bewertungen, die dir dein wahres Wesen verstellen. Schaue dich im Licht Gottes an! Dann wirst du erkennen, wer du eigentlich bist, ein einmaliges Bild Gottes, in dem Gottes Schönheit auf einzigartige Weise in dieser Welt aufleuchtet.

*I*ch sitze da, atme ein und aus
und genieße es, das Leben zu spüren,
mich in meiner Einmaligkeit wahrzunehmen.
Dann schmecke ich das Leben,
dann koste ich das Glück.
Ich muss nichts gewaltsam
oder verbissen ändern,
nicht ständig hart an mir arbeiten.
Ich bin der, der ich bin,
von Gott so geformt und gebildet,
in seiner Liebe geborgen,
bedingungslos bejaht.
Dann ist Frieden in mir.
Dann ist alles gut.

23.
Gelassenheit lässt alle Dinge blühen

Mich vergessen können,
das ist die Gnade aller Gnaden.
Das ist der königliche Weg zum Glück.

*

Selbstbezogenheit macht schwer.
Selbstvergessenheit macht leicht.

*

Nur wer sein Herz
an nichts Geschaffenes hängt,
wer loslassen kann,
woran andere hängen,
der ist wirklich frei.

In einem weiten Herzen
hat vieles Platz.
Es kann
großmütig
und gelassen
und langmütig sein.

*

Es liegt an uns,
wie schwer wir das nehmen,
was uns widerfährt.
Wir können uns in unser Unglück hineinsteigern
und am Sinn unseres Lebens zweifeln,
oder wir können es als Herausforderung nehmen,
an der wir wachsen können.
Das Glück liegt in unserem Herzen.
Wir haben die Wahl.

Du kannst dich nur auf den Augenblick einlassen, wenn du alles Habenwollen loslässt, wenn du dich selbst vergessen kannst. Loslassen musst du vor allem die ständige Frage: Was bringt es mir? Was fühle ich dabei? Nur wer sich selbst vergisst, vermag das reine Dasein zu schmecken und die Lust daran zu empfinden.

✳

Wer zu sehr nach den Dingen greift,
den haben sie im Griff.
Wer loslässt, befreit sich
vom einengenden Zugriff der Welt.
Er kann das, was sie anbietet, genießen.
Weil er es nicht braucht, ist er frei,
in der Welt das Schöne wahrzunehmen
und zu schmecken.

Versöhne dich mit dir.
Menschen, die mit sich im Frieden sind,
tun das, was zu tun ist,
ruhig und gelassen.

*

Du kannst Freude nicht festhalten. Das wäre gegen das Wesen der Freude. Freude muss fließen, und nur der wird sie erfahren, der sich ihrem Fluss überlässt. Er kann die Freude nur genießen, wenn er darauf verzichtet, sie für sich zu haben und festzuhalten. Nur der spürt wirkliche Freude, der sich von seinem Ego, das immer haben und greifen möchte, distanziert.

*F*ür den Tag ohne Ärger bist du selber verantwortlich. Es ist ein glücklicher Tag, wenn es dir gelingt, auf das, was dir von außen widerfährt, nicht ärgerlich oder depressiv zu reagieren, sondern mit innerer Heiterkeit.

*

Es ist deine Sache,
ob du über dich wütend bist
und dich innerlich ablehnst,
oder ob du dich über dich freust.

*

Wenn ich mich über mich freue
heißt das nicht,
dass ich alles gutheiße, was ich tue.
Es gibt auch die berechtigte Trauer
über mein Zurückbleiben hinter dem,
was Menschsein eigentlich heißt.
Freude über mich ist ein dankbares Anerkennen,
dass Gott mich geschaffen hat
und dass er mich gut gemacht hat.

Ärger kostet Kraft. Im Ärger geben wir andern Menschen Macht über uns und lassen uns von ihnen lähmen und bestimmen. Es ist wichtig, dass wir den Ärger anschauen, seinen Grund – und damit möglicherweise auch einen sinnvollen Hinweischarakter – erkennen und uns von dem distanzieren, was uns an ihm belastet oder zu überwältigen droht.

❋

Bleib in deiner Mitte.
Spür dich selber,
komm immer wieder
in deine eigene Mitte
und lass die anderen dort,
wo sie sind,
und lass sie so,
wie sie sind.

❋

Freu dich am Dasein, das Gott dir geschenkt hat:
Aber auch dafür musst du dich entscheiden!

Nimm einfach wahr, was ist,
und lass es so sein.
Lass die Wirklichkeit, wie sie ist.
Lass deine Vorstellungen los.
Dann blühen die Dinge auf.
Die Gelassenheit
wird dich reich beschenken.

*

Die Freude verbirgt sich
auf dem Grund unserer Seele,
dort wo unsere eigenen Erwartungen
und unser Besitzstreben
keinen Zutritt haben.

24.
Vom Segen der Nacht

Wer im Rhythmus des Tages und der Nacht lebt,
erfährt das Geheimnis des Lebens.
Tag und Nacht sind Bilder für das Leben.
Wer den Rhythmus des Tages und der Nacht
durcheinanderbringt, dessen Seele wird verwirrt.
Er ruht nicht mehr in sich selber,
er kann sich nicht einschwingen
in den Rhythmus des Lebens.

※

Wer kein Gespür hat für die Würde der Nacht, der
wird auch den nächsten Tag nicht gut bestehen.
Er wird müde in den Tag hineinschlittern und
auch keinen Blick haben für die Frische des
Morgens, die das Herz erquickt.

Wenn ich meinen Tag nützlich zubringe, das heißt, wenn ich die Zeit nutze, wenn ich bewusst lebe, wenn ich gut lebe, wenn ich mich richtig verhalte, wenn ich Gottes Willen erfülle, dann ist die Freude mein Abendbrot. Die Freude ist Ausdruck eines erfüllten Lebens. Und die Freude ist wie ein Abendbrot, das mich nährt. Die Seele wird satt an der Freude. Wer dankbar auf sein Tagewerk zurückblicken kann, der wird von Freude erfüllt. Und die Freude wird seine Begleiterin sein am Abend und während der Nacht. Sie wird sich in der Nacht in seine Seele eingraben, so dass sie auch von Konflikten am nächsten Tag nicht aus dem Herzen vertrieben werden kann.

Gestalte deinen Feierabend so,
dass du dich darauf freuen kannst.

Setze dir eine feste Zeit, zu der du ins Bett gehen willst. Manche kommen abends einfach nicht ins Bett. Sie meinen, sie müssten noch dies oder jenes erledigen. Oder aber sie setzen sich vor den Fernseher, weil sie zu müde sind, etwas Sinnvolles zu tun. Aber dann bleiben sie länger sitzen, als ihnen gut tut. Am nächsten Tag ärgern sie sich darüber, dass sie wieder so lange vor dem Fernseher Zeit vergeudet haben. Da ist es gut, eine feste Zeit zu haben, zu der du schlafen gehst. Es geht nicht darum, sich in einen Zeitplan einzuzwängen. Es geht darum, durch eine kluge Tagesordnung Freiräume schaffen, in denen du die Zeit genießen oder eben das tun kannst, was dir Spaß macht.

Zieh Dich am Abend langsam aus.
Du wirst sehen,
wie dann alles zum Symbol wird,
wie das Ablegen der Kleider
zum Ablegen des Tages
mit seiner Mühe werden kann.

*

Beschließe deinen Tag mit einem Ritual und
drücke damit aus, dass es dein Tag war, ein Tag,
der dir geschenkt wurde und den du dem wieder
zurückgibst, der dir die Zeit deines Lebens
schenkt.

*

Ein gesundes Abendritual gibt uns das Gefühl für
das Geheimnis der Nacht, dass wir im Schlaf
eintauchen in den göttlichen Wurzelgrund, dass
Gott selbst zu uns im Traum reden möchte. Jeder
Tag, ja das ganze Leben ist also Teil dieser Kunst
des rechten Lebens. Alles ist von einer spirituellen
Kraft zu formen, die uns gut und gesund leben
lässt.

Auch wenn ich das Gefühl habe, dass die Zeit mich tagsüber im Griff hat, das Abendritual gibt mir die Zeit wieder zurück.
Wenn ich abends mit der Gebärde der offenen Hände meinen Tag Gott übergebe, bekommt der Tag für mich ein anderes Gepräge. Die Zeit ist mir nicht zwischen den Fingern zerronnen. Ich übergebe diesen begrenzten Zeitraum des vergangenen Tages Gott mit allem, was war, auch mit den unbewusst gelebten Zeitabschnitten, auch mit der verlorenen Zeit.
Dadurch wird es wieder mein Tag.
Die zerronnene Zeit wird wieder zu meiner Zeit.
Weil sie in Gottes Hand liegt, darf ich sie auch mit meinen Händen spüren.
Es war kein verlorener Tag.

Die Tür des vergangenen Tages, die Tür der Arbeit und ihrer Mühen, schließt sich. Und es öffnet sich die Tür der Nacht, in der ich mich in Gottes Hände fallen lassen kann. Durch die Tür der Nacht trete ich dann ein in den Raum des neuen Tages. Ich stolpere nicht von einem Tag in den anderen, sondern ich schließe die Tür der Vergangenheit, um ganz im Raum der Gegenwart zu sein.

Als Abendritual kannst du die Hände vor der Brust kreuzen. Stelle dir vor, dass du die Türe zu deinem Innern schließt und jetzt allein mit Gott bist. Mit den gekreuzten Händen schützt du den Innenraum, in dem Gott in dir wohnt. Dort drinnen, auf dem Grund deiner Seele strömt eine unerschöpfliche Quelle. Obwohl du tagsüber viel gegeben hast, bist du nicht verausgabt. Die Quelle sprudelt trotzdem weiter, weil sie göttlich ist. Vielleicht fühlst du dich müde, aber nicht erschöpft. Du weißt, dass die Quelle dir auch am nächsten Tag zur Verfügung steht.

Stelle dir beim Beschließen des Tages vor, es wäre der letzte Tag. Das heißt: Ich beende diesen Tag, als ob es das Ende meines Lebens wäre. Ich lege alles in Gottes gute Hand, diesen Tag, mich selbst, alle Menschen, die mir lieb sind, und mein ganzes Leben.
Solcher Beschluss des Tages ermöglicht dir gleichzeitig einen neuen Anfang. Und er gibt dir das Gespür, dass du immer wieder alles loslassen solltest, um dich in Gottes gute Hände zu ergeben.
Die Nacht erinnert an den Schlaf des Todes. Und jeden Morgen erfährst du die Auferstehung zu neuem Leben, das Gott dir ermöglicht.

Seit jeher sind die Engel auch die Traumboten. Das Abendgebet spricht auch die Bitte um gute Träume, in denen der Engel eine Botschaft von Gott übermittelt, und um Bewahrung vor Albträumen. Und es ist eine Bitte, sich in Gottes liebenden Armen zu bergen und dort vor allen Gefahren der Dunkelheit geschützt zu sein.

*T*räume kann man nicht erzwingen.
Sie sind ein Geschenk von Gott.
Im Traum weitet sich die Welt für dich.
Da tauchst du ein in den göttlichen Wurzelgrund.
Da siehst du hinter die Welt.
Das Geheimnis der Welt geht dir auf.

Die Träume der Nacht zeigen dir, dass es nicht nur darauf ankommt, korrekt zu leben, sondern den Reichtum und die Weite deiner Seele zuzulassen, dich von Gott immer wieder auf deinen eigenen Weg führen zu lassen.

Die Träume der Nacht können Quellen des Glücks werden. Sie führen nicht von der Wirklichkeit weg, sondern lassen dich die Wirklichkeit mit neuen Augen anschauen. Die Träume zeigen dir die Hintergründigkeit des Seins auf. Denn sie verweisen auf den göttlichen Grund aller Dinge und auf die Freude, die in allem anwesend sein kann.

Seit jeher waren die Menschen fasziniert vom hellen Licht des Abendsterns: Wir sind nicht nur ein Mensch der Erde, sondern auch ein Mensch des Himmels. In uns leuchtet der Stern, der über uns hinausweist auf den, der vom Himmel herabkommt und unsere tiefste Sehnsucht erfüllt.

Ich wünsche dir,
dass der Engel über dir wacht,
wenn du schläfst,
und dass er dich jeden Tag
erholt und mit innerer Zuversicht
aufwachen lässt,
damit du im Aufstehen spürst,
was das Geheimnis des Lebens ist.

Zu den Quellen

Die Texte dieses Buches sind folgenden im Verlag Herder erschienenen Werken von Anselm Grün entnommen und für diese Edition zum Teil sprachlich neu gefasst:

Bleib deinen Träumen auf der Spur. Buch der Sehnsucht
Weihnachten – einen neuen Anfang feiern
Buch der Lebenskunst
Das Kleine Buch der Engel
Das Kleine Buch vom wahren Glück
Kleines Buch der Lebenslust
Quellen innerer Kraft. Erschöpfung vermeiden – Positive Energien nutzen
50 Helfer in der Not
Grenzen achten – Grenzen setzen
Im Zeitmaß der Mönche